당신과
함께 살아 온
소중한 그날들을
회상하면서

당신과 함께 살아 온
소중한 그 날들을 회상하면서

2025년 5월 23일 초판 1쇄 인쇄 발행

지 은 이 | 정경철
펴 낸 이 | 박종래
펴 낸 곳 | 도서출판 명성서림

등록번호 | 301-2014-013
주   소 | 04625 서울시 중구 필동로 6 (2, 3층)
대표전화 | 02)2277-2800
팩   스 | 02)2277-8945
이 메 일 | msprint8944@naver.com

값 10,000원
ISBN 979-11-94200-95-6

※ 잘못된 책은 교환해 드립니다.
※ 이 책 내용의 일부 또는 전부를 재사용하려면 반드시 저작권자의 동의를 얻어야 합니다.

당신과 함께 살아 온 소중한 그 날들을 회상하면서

글·그림 **정경철**

도서
출판 **명성서림**

차례

1부 편지 007

아내에게 009
가족에게 043
친구에게 061

2부 시 079

3부 회상 131

4부 단편 145

1부
편지

아내에게

이렇게 당신을 생각하는 오늘 하루도
아름다운 나의 하루입니다

엽서 1

✉

무인년 한 해도 우리에게 따사로운
햇살과 아름다운 삶을 허락하신 하나님이시여
사랑, 진실, 용기, 지혜, 평화, 믿음, 소망 가운데 살게 하소서

- 울산에서

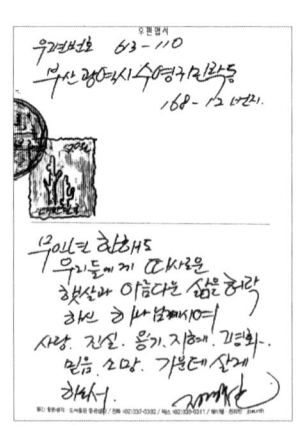

엽서 2

✉

꽃 같은 젊은 시절
한숨에 달려가고
가더니 잊은 양 아니 오는 것은 세월이라
엊그제 아름다움이 한낱
늦가을에 빗줄기처럼 흘러내리고
아쉬운 한숨은
애꿎은 단풍잎만 떨구노라

1997. 12. 9
- 울산에서

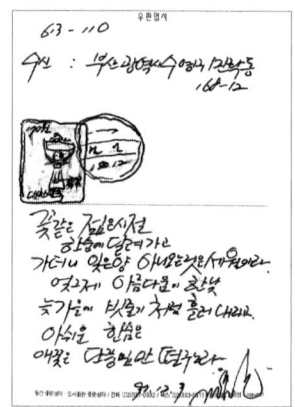 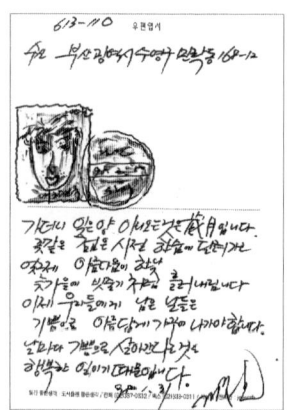

엽서 3

✉

두 삶의 여정이 우연히 만나
28여 년간 지나온 모든 것이
오늘에 와 훨씬 더 아름답게 느껴지는 것은
당신과 함께한
주옥같은 추억이 있기 때문입니다.

1997. 11. 18
- 울산에서

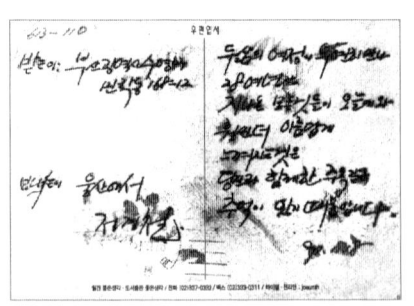

엽서 4

✉

이슬같이 초롱한 지난 세월에
회상의 조약돌을 던지노라면
아름다운 당신의 모습이
잔잔히 여울져 옵니다

1997. 11. 19
- 울산에서

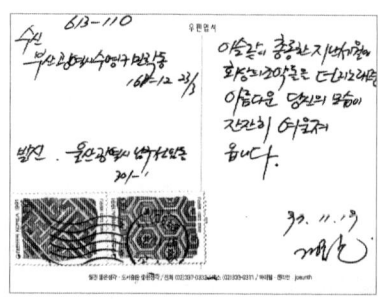

운명

✉

어느 한가한 오후

그들은 조용한 찻집에서 처음 만났습니다.

아직 온전치 못한 반 조각의 동체로서, 서로의 반 조각의 반려자는 선택하는 데 아무런 의심 없이 아무 거짓도 없이 뜨거운 가슴을 펼쳐 보였습니다.

그리고 그들은 강렬한 햇빛이 쏟아지는 다대포에서 조개껍데기를 주우며, 혹은 흔들리는 버스를 타고 가을 바닷가 일광에서, 담배 연기가 자욱한 극장에서…. 달콤했던 순간순간들이었습니다.

이렇게 하여 두 사람의 앞길이 조금 더 분명해지고 삶이 더욱 달콤하다는 것을 느끼며, 어느 따사한 5월의 햇살이 찬란하게 빛나던 날 둘은 아무 망설임 없이 축복 속에 서로의 반려자로서 손을 잡았습니다.

그리고 세월이 흘렀습니다. 너무나도 소중했던 보석 같은 순간순간들이었습니다.

우리는 갖가지 소망의 꿈을 안고 살았습니다.

그러나 삶의 선택에서 시련도 절망도 있었습니다. 그럴 때마다 삶을 준 신에게 용기를 달라고 기도도 하였습니다.

이러한 갈망 속에 우리에게 운이와 현이의 성장 시기는 참으로 생애 최대의 가장 아름다웠던 시절이며 소중했던 날들이었습니다.

우린 신에게 감사하여야 합니다.

그러나 나는 압니다. 이러한 소중한 것은 모두 당신과 함께 있기에 느낄 수 있는 것입니다.

내가 살아가는 동안에 느끼는 이 따뜻한 마음은 따사롭게 어루만져 주는 당신이 있기에 느낄 수 있는 것이었음을~!

그러나 세월이 흘러 우리가 분명하게 느끼는 것은 결국 언제인가 헤어진다는 것입니다.

이제 우리의 윤택했던 삶은 하얗게 탈색해버린 낙엽이 되어 뒹굴고, 먼 훗날 추억 속에 파묻혀야 할 더없이 아름다웠던 날들이 다시 오길 바라지만, 우연히 만나 하나가 되었던 반반의 우리는 결국 헤어질 수밖에 없는 건가요?

아무리 아름다웠던 날들이라 해도 언젠가는 황혼 속에 사라져 가기 마련이지요.

당신과의 지난날 함께 나누고 있었던 모든 것이 나에겐 행운이었습니다.

세월

✉

우리는 압니다
지나간 날들이
얼마나 아름다운지를
우리는 느낍니다
남은 날들이
더없이 귀한
날들이 되리라는 것도
그리고 주어진 삶에
용기를 갖고
다가올 시련을
헤쳐 나가야 한다는 것도
우리는 너무나도 잘 압니다.

1998. 2. 7

세월 2

✉

꽃 같은 우리 님
엊그제 젊었더니
그 머리에 학이 노니나 배꽃이 떨어졌나
하얗게 센 머릿발
무심한 세월에 한숨의 눈발인가
흐르는 세월에 예쁘던 그 모습이 비바람에 씻겼나
꽃다움을 뺏겼네
임의 아름다움을 그 무엇으로 되찾으랴

보슬비 오는 갯가 피어난 꽃을 보노라
맑게 갠 아침 흰 구름 피어난 언덕을 보노라
아! 꿈같이 지나온 세월
고운 뺨에 눈물짓는 임의 그 해맑은 검은 눈동자를 보노라
경박한 이 사람 만나
평생의 한뜻이 서럽기도 하련만
남의 부유를 부럽다 하지 않네
아! 돌이켜 생각하면 모든 것이 꿈인데
지나온 발자취
짓는 것은 한숨이요
흐르는 것은 눈물이라

1998. 3. 10

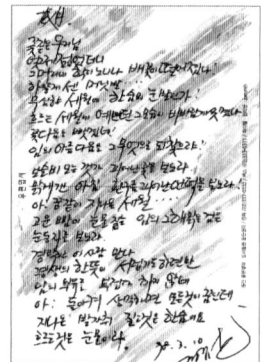

나의 사랑아

✉

나의 사랑아!
알뜰한 우리의 세월이
배꽃이 만발한 오솔길을 지나
나물 캐는 처녀의 따스한 젖가슴을 스치며
한줄기 하얀 조각구름 타고
저만치 흘러가는구나

맑은 하늘 푸른 숲이 우거진 언덕
명주실 풀어놓은 실개천을 돌아
뒤돌아볼 만도 하련만
눈 돌려 볼 사이도 없이
한줄기 꿈이 되어
허공에 흩어져
저만치 흘러가는구나

배꽃이 만발한 울산에서
1998. 4. 6

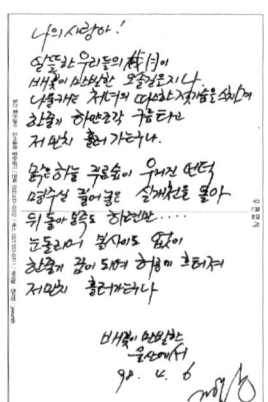

당신을 생각하면

✉

나와 당신과의 가슴에
따뜻한 정이 흐르기 시작한 그 후
나의 생활은 날마다 좋은 날이었습니다
그것은
당신을 늘 곁에서 바라볼 수 있었기 때문입니다
또한 내 마음속에 당신의 밝은 모습이
항상 자리하고 있었지요
비록 풍요롭지 못하나
우리의 따뜻한 보금자리에
당신과 더불어 살고 있는 것이
아니 살아갈 시간이 있음을 감사합니다
또한 이렇게 당신을 생각하는 오늘 하루도
아름다운 나의 하루입니다.

1998. 5. 8

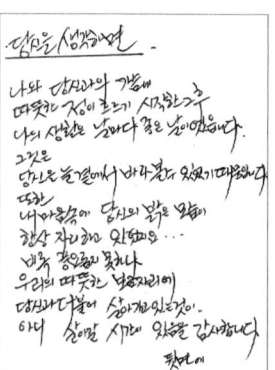
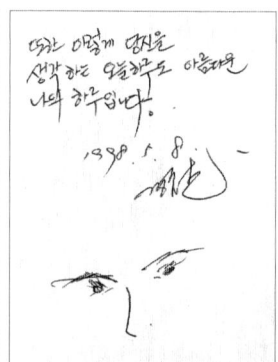

나의 아내에게 주는 글

✉

창가에 앉아 푸른 숲 바라보니
양지바른 감나무 아래 바둑이 지그시 졸고
참새떼 울고 지나가면 까치들 날아드니
노랑나비 쫓던 우리 아가들
지나간 날이 아름다워라
따사한 어머님 손길이 스쳐 간 꽃가지 풀뿌리 한 포기에도
반가운 계절 봄이 오는 소리
무심한 세월은 물 흐르는 듯이 흘러가는구나
지난해 피웠던 울 밑의 고향초
올해도 어김없이 피리니
꽃피는 시절 동산에 달 오르면
임의 눈물 강물 되고 한숨이 바람 되어
천만리 돛 달고
내 조용히 떠나리라

1998. 1. 25

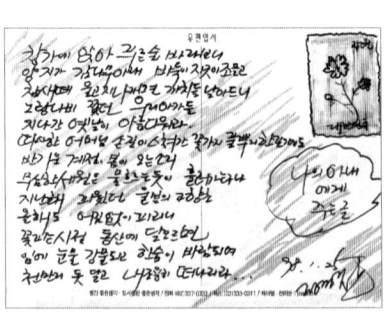

평생을 함께 살아가는 사람에게

✉

어제 내린 봄비에 피어난
화사한 꽃잎이여
어쩌 이 아침 동풍에 그제 지려 하느냐
가는 세월아!
울타리 꽃가지에 멈춰라
그 옛날 동서로 달리며
나비 쫓던 세월이
그립지 않은가?

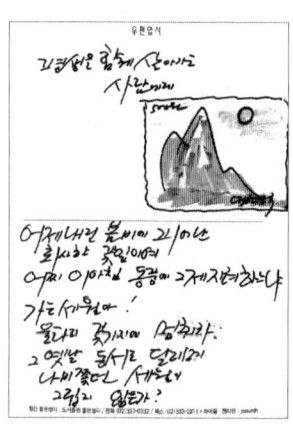

결혼 55주년

✉

하나님의 은혜로 맺어진 날 벌써 55주년이 되었네요.
그간 삶이 참으로 아름다웠습니다.
오늘 짜장면 한턱 내겠습니다.

2024. 5. 26

기센 여자가 되라

✉

 도대체 기가 약해! 불쌍하리만치.
 이때까지 30여 년을 살아오면서 남편한테 순종, 그저 복종이었지 어디 한번 대들어 본 적 없으니까 말야. 말대꾸를 한번 제대로 해 보았나?
 남의 여편네들이야 남편한테 빠득빠득 대들며 사는 것이 예사인데.... 심지어 남편을 개 패듯이 패면서 사는 여자도 있지 않아?
 이런 세상인데 눈 한번 굴리든지, 꽥 소리 한번 쳐도 꼼짝 못 하고 고개 숙이는 착한 아내 아니었던가?

 어지간히 이제 30여 년을 살아왔는데.... 이제 목에 힘 줄 때도 되었는데 어인 일인가?
 젠장, 남의 남들은 돈을 평평 벌어다 부어 놓는데 쥐꼬리보다 적은 월급봉투에다 늘 가불 꼬리표는 붙어 다니는 주제에 어디 목에 힘주고 집에 와서 큰소리를 쳐? 도대체가 겁이 없는 남자 아닌가?
 이때까지 박봉에 애들 키우며 살림 꾸려 간다고 검은 머리 다 세었는데, "힘 한번 주며 삽시다" 왜 못해?
 같잖아서 참는 건지 제 딴에는 식구 밥 벌어 먹인다고 똥줄 빠지라고 바쁘게 쏘다니는 것이 애처로워서 그런 건지, 그래도 힘 줄 때는 주어야지 패지는 못할망정! 어디 남자가 남편 하나뿐인가? 안 그래?
 돈 잘 벌어다 주는 남편 둔 동창생들 몇십만 원 아니 기백만 원 하는 옷 휘감고 겁 없이 다이아 몇 캐럿인지 왕방울만한 반지에 목걸이, 귀걸이 주렁주렁 달고 다니면서 목에 힘주는 것 왜 부러워하지 않으랴마는 착하디착한 것 집에 와선 부럽다 표현 한번 해 보지 않았지.

혹 동창 모임에 나가는 날이면 옷이 없어 이것 입었다 저것 입었다 하는 것 보면 불쌍도 하지. 요새 그 흔한 할인 코너에 가서 옷 한번 사지 못하고 만져 보고 또 만져 보고 결국 가격표만 만지작거리다 뒤돌아서곤 했지.

혹시 백화점에라도 같이 가는 날 마음에 드는 옷이 있어 몇 번이나 그 자리를 돌며 갖고 싶어 하는 눈치를 보면 확 사주고 싶었지만....

결국 입어 보고 만져 보고는 이 계산 저 계산한 후에 자기에게 안 맞는다는 거야! 난 알지 그 마음, 마음에 쏙 맞으면서도 선뜻 사지 못하는 이유를....

이럴 땐 정말 눈물이 쏟아져 점원 아가씨들이 손수건 내주며 위로해 준 적이 몇 번인가?

아무리 옷이 날개라지만 어디 옷 잘 입는 것만이 세상 사는 보람은 아니지 않을까? 내실을 다져야지 빈껍데기만 번지르르하면 뭣해!

풀 죽지 말고 기 살려 이 사람아! 이제부터는 큰소리치며 살아!

"이놈의 세상 도대체 어떻게 된 거야? 앙!"

"넌 도대체 남과 같이 변변히 벌어오지도 못해? 한번 맞아 볼래?"라고 말야....

1999년 5월 21일

나의 사랑 옥선이!

✉

나는 오늘 당신을 위해 나의 귀중한 (금)시계 줄을 팔지 않을 수 없었소.

왜냐고요?

X-mas 이브날 내 사랑하는 사람에게 선물 살 돈이 없는 처지였기 때문이오. 나는 오늘 내 귀중한 시곗줄을 팔아 그대의 황금색 머리를 빗겨 줄 빗을 샀소.

이 점을 높이 평가해 주기 바라오.

비록 보잘것없는 선물이라 볼지 모르지만 내 전 재산을 팔아 산 귀중한 선물인 것을 알아주오.

아! 불쌍한 내 처지, 밍크코트를 사 주지 못하는 이 처참한 이 신세를…

그러나 그대의 아름다운 머리카락에 더욱 광을 내 줄 이 빗을 선물하게 된 것을 나는 자랑하오, 아니 다들 장한 처사라고 칭찬이 자자하오.

그러나 나는 슬프오. 아무리 칭찬을 한다 한들 뭣 하겠소.

머리빗 한 자루밖에 살 수 없는 내 신세가 너무나도 처량하오.

왜 큰 빗, 작은 빗, 옷빗, 마당빗, 갈쿠리빗 많은데 한 가지밖에 선물할 수 없는 신세가 되었을까?

나는 오늘 저녁 떠날 수밖에 없소!

내가 가더라도 그대 결코 낙담하지 말고 사오.

그렇소. 빗은 많으면 무엇하겠소?
한 자루만 있으면 충분한 것을.
이 한 자루 빗만 있으면....

- 사랑하는 남편으로부터

나의 사랑하는 아내에게

✉

사랑, 믿음, 소망.

당신을 생각할 때마다 떠오르는 단어들입니다.

계절 따라 날아왔다 훌쩍 떠나버리는 철새같이 밤새 찾아들었다 새벽녘 당신을 떠나는 날들이 그 얼마인가? 많은 세월을 부딪혀 살아온 날들, 어느덧 그늘 지워진 당신의 모습을 뒤로하고 떠나올 때마다 이러한 단어들이 뭉클뭉클 떠오르곤 합니다.

아직도 곱고 밝은 건강한 얼굴이 내 좁은 가슴에 아직 꼬옥 차 있지만, 당신과 둥지를 이루어 살아온 30여 년, 못난 사람 만나 활짝 핀 미소 한번 머금지 못하는 그늘진 얼굴!

아득히 펼쳐진 만 리 구름인가?

허나, 난 당신과 지나온 꿈같은 세월이 참으로 행복한 날들이었다고 생각합니다.

우리가 이렇게 하나의 느낌으로 마음에 곱게 품고 살아간다는 것이 얼마나 많은 위로와 힘이 되며 기쁨이 되는지 지금은 잘 모릅니다.

그러나 시간이 흘러갈수록 공유하는 이 좋은 느낌들이 우리를 더욱 귀하고 복되게 하리라 굳게 믿습니다.

부대껴 살아온 그 날들 속에 기쁨이 충만하리라 믿고 싶습니다.

나는 이러한 긍정적인 생각이 얼마나 좋은 것인지 알게 되었고, 삶이 왜 소중하고 아름다운지도 느끼게 되었습니다.

그러나 이제 살아온 날들보다 살아갈 날이 결코 길지도 않은 지점에서 알뜰히 지켜야 할 시간 속에 과연 최선을 다하고 있나 하는 반성도 하여 봅니다.

사랑하는 당신!

나는 이에 관해 깊이 반성함과 아울러 우리의 삶이 더욱 귀하고 복되도록 온몸을 사르려 합니다.

아! 나의 마음에 잔잔한 기쁨과 평화가 샘솟듯이 일어날 때 떠오르는 감사가 있습니다.

그 감사의 느낌 그대로를 지금 당신께 전하고자 합니다.

하지만 마침내는 모두 꿈입니다.

이제 우리 곁을 떠나게 될 아이들의 앞날에 찬란한 무지개가 펼쳐진다면 더 무엇을 바라리요.

이제 한 걸음 두 걸음….

그 어느 날 떨어진 낙엽들이 온 산야에 가득할 때 지친 발길 거두고 한 마리 기러기 되어 하늘 멀리 날아갈 것입니다.

한 조각 구름이 되어 흘러가렵니다.

　　　　　　　　　　　　　　　　　　1997. 7. 31
　　　　　　　　　　　　　- 황혼의 들녘에서 당신의 영원한 반려자가

사랑하는 아내에게

✉

　우리는 계절을 맞고 보내는 변화에도 민감하지 못합니다.
　꽃이 피면 여름이 오고 낙엽이 구르면 겨울이 오겠지 하며 그 어느 계절에도 특별한 의미를 부여하지 않고 맞으며 보내는 경우가 허다합니다.
　그러나 봄, 여름, 가을, 겨울 그 어느 한 계절도 의미 없이 오가는 것이 아닐 것입니다.
　새싹이 트고 만물이 소생하는 계절이나 소낙비 쏟아져 성장을 재촉하는 여름, 그림엽서처럼 화려하고 모든 것이 풍족한 결실의 가을, 또 쏟아지는 축복같이 펑펑 눈 내리는 겨울!
　이와 같이 우리 인생도 오고 가는 계절이 있을진대 만남과 떠남 속에 삶의 의미를 어디에 두어야 하는지는 각자 인생의 목표에 달려있을 것입니다. 우리는 결국은 이루지 못한 꿈들만 남기고, 진솔한 삶이 그리 쉬운 것이 아닌 것을 느끼며 언젠가는 황혼 속에 사라져 가기 마련입니다.
　자연은 계절이 바뀌면 또 새로이 단장을 하고 우리에게 다가오지만, 우리의 계절은 가면 다시 오지 않을 것입니다.
　언젠가는 모든 것이 떠나고 빈 들판에 혼자 서 있는 것같이 공허한 시간이 올 때 우리는 무엇으로 서로를 위로하며 살아가야 할지….

잊혀지고 지워지는 추억처럼 한 줌의 흙이 되어 내 먼저 당신의 손으로 뿌려지면 내 그저 말없이 떠돌다 양지쪽 한 송이 들꽃이 되어 당신을 맞으리라.

2001. 1. 18

속아 살아온 여인

✉

어이, 마누라!

세월이 빠르기도 하이! 생각하면 꿈같은 세월이라.

나긋나긋 날아갈 듯 아리따웠던 당신을 아내로 맞아 온 천하를 얻은 듯 뻐기던 세월이, 생각하면 이렇게 강산이 세 번이나 바뀌어 수많은 날이 흘러갔지만 한순간인 듯하오.

한때는 뭇 남성들이 당신 몸맵시에 몇 번이고 쳐다보고 또 뒤돌아볼 때는 내 어깨가 얼마나 올라갔는지! 아직도 한쪽 어깨가 삐딱하지만 그래도 뭇 남성들의 시선을 매료시킬 몸매는 여전해. 그 앞배만 조금 넣을 수만 있다면 말이야.

어제도 미스코리아 선발 대회 장면을 보았지만 30여 년 전 당신만한 인물이 없더군. 뒤돌아보면 꿈같은 세월이라, 새끼들 낳아 기르다 보니 날아갈 듯 아름다운 당신 몸매만 망가지고, 피고 지고 새로이 피는 꽃들처럼 새로 태어날 수만 있다면 얼마나 좋으련만, 이제 꽃다움을 다 빼앗긴 당신의 자태를 보면 하도 가련하고 애처로워 가슴이 터지는 것을 어찌하랴.

세월을 탓하고 가 버린 청춘을 그리워한들 다 소용없는 일이오. 흘러가 버린 물인데 어찌하련만 이렇게 허무하고 옛날이 그리울 줄이야.

결혼 30주기가 되어도 남들처럼 여행다운 여행 한번 시켜주지 못하는 이 빌어먹을 놈을 만나 또 금년에도 꽝이구려. 지난해도 꽝, 그 전 해도 꽝, 이렇게 꽝꽝 헛방만 쏘아대니 아무리 착한 당신인들 울화통이 안 나겠소만 어이하리? 못난 놈 만나 꽃다운 아까운 인생 허망히 깨져 버리니….

또 한 해를 참아 달랄 체면이 없소.

무능한 놈 병태 패듯 마음껏 두늘기고 싶은 심정이면 내 오늘 각오하리다.

그렇게 해서라도 속이 풀린다면 내 무슨 체면으로 항변하리오?

그러나 다리 몽둥이는 부러뜨리지 마오. 혹시 아오? 내년에는 금강산에서 결혼기념일을 보내게 될지….

또 꽝이 될지는 모르겠지만 금강산 노래나 배워 두구려.

"금강산 찾아가자 일만 이천 봉, 볼수록 아름다워 금강이라네"

속아 사는 것이 인생이라 하지 않소! 30년을 속아 살아왔는데 한 해를 못 참겠소?

한 번 더 속는 척해 보구려!

1999. 5. 26

선이와 달운산 올라서서

✉

님의 손을 잡아 밀어 주고 끌어 주어
아침에 달운산(584m)에 오르니
하늘은 닿을 듯 구름은 발에서 일고
만산은 첩첩하야 천 봉우리 만 길이요
동으로 푸른 바다요 북으론 청산에 흰 구름 떠 있나니
속세를 떨쳐라 부귀영화 다 잊어라
가을하늘 구름 만 리의 고기비늘처럼 떠 있고
마른 나뭇가지 천 년의 사슴뿔처럼 희구나
아! 어느 청산이 그대의 고향인가
마음은 이역에서 고향만 바라보네
고을사 꿈같은 님과의 시절 흰 구름 되어 흘러가고
님 따라 이 산에 앉아 보고 저 산에 걸어 보니
근심이야 있으며 시름이야 붙었으랴
반석에 묵은 낙엽 깔고 앉아 지난 세월 헤아려 보고
님의 얼굴 스쳐보니 그 고운 눈매 잔주름만 가득
세월이 무심하야 허공만 바라보니
떠 있는 구름은 백구와 노닐고
창계의 흰 물결은 누굴 반겨 주는고

남풍이 건듯 불어 청산을 흔들어 놓으니 산새들 차오르네
보는 것 듣는 것이 모두 다 신선이로다
아! 인생은 흡사 오가는 봄과 같은 것
피는 꽃 보고 나서 돌아서면 지는 것을
덧없는 세월 흘러 흘러
세월이 우릴 갈라놓을 때 우리 언제인가 이별하니
나! 구만리 기러기 되어 날아가리라
당신 따뜻한 가슴에 한동안 머물렀다 가리라
그 어느 날 당신이 내 그리워 마음이 일 때
이 산에 다시 올라 보면
내 한 조각 흰 구름 되어 당신 발아래 머무르리다

1997. 10. 11.
- 당신이 미끄러져 다리 깁스 한 날을 기념하며

아! 아직도 올라야 할 산은 많은데

✉

댕그랑, 뿌지직, 쿵!
달운산 골짜기 뼈 부러지는 소리 산울림 되어 퍼지고
방아 찧는 소리 지축이 흔들!
아뿔싸, 내 사랑!
뼈는 왜 이리 약하던고?
그 옛날 님의 뼈 약해질까 잠 못 이루며 강 따라 바다 건너 뼈만 있는 것이면 붕어, 미꾸라지, 몽땅 잡아 진상했는데
통뼈는 고사하고 왜 그리 약골인고?
나 그날 엉겁결에 덩치를 업고 안으며 나 골병들었지.
몸무게는 3근 하고도 반 근이 줄었고 늘씬하던 그 키는 3치 일 푼이 줄었것다.
아! 아직도 올라야 할 명산은 그 얼마인가!
이제, 그대 오르고 오르려 해도
그 얼마나 많은 세월 동안 뼈 있는 놈이 얼마나 죽어야 하나?
한 해도 저물고 바람 차며 해는 기우는데
뜬구름 한 조각은 어디서 왔는가?
내 님의 다리는 천근만근
어서야 가라 세월아!
일본 무 같이 쭉 뻗은 다리 그 언제 볼까나?

그날이 오면 매화주 등에 지고
산 넘고 산 넘어 오색구름 사이사이 산봉에 올라앉아
천지를 굽어보며 가슴 열어 볼까나

1997. 10. 30
- 달운산 등산기

한 소녀가 살았다네!

✉

    그날에 이슬 같이 순결한 천사 같은 애리애리한 소녀가 오월에 상큼한 해풍이 불어오는 계절, 날아갈 듯 화사한 분홍빛 치마저고리로 단장한 채 산꽃을 들고 웨딩마치에 맞추어 나비같이 사뿐히 들어오고 있었지.
    그리고 강단에 놓인 성경책에 뽀오얀 고사리 같은 손을 살짝 올려놓았지.
    황홀하리만치 순결한 그 어여쁜 소녀의 손등에 신랑은 꼬옥 깨물어 주고 싶은 충동을 느끼면서 돼지털 같이 뻣뻣한 털이 뒤숭숭히 난 두꺼비 같은 손을 덮은 거야. 그때 그녀의 운명은 바뀐 거야.
    하필이면 그 많은 사람 중에 멍청하리만치 무기력한, 훗날에 후회하여야 할 거짓으로 가득한 시커먼 놈을 택해 백년가약을 맺었을까? 왜 그랬을까?
    너무나도 훌륭한 총각들이 수두룩했는데….
    그때 주례자가 "신부X X X는 "신랑X X X를 죽을 때까지 사랑하겠는가?" 물을 때 NO! 라고 했어야 했어! 그때 그 엉큼한 시커먼 놈은 소녀한테 잘 보이려고 푸시킨의 시구절도 외우고 다니고, 김소월, 한용운의 시도 몇 구절씩 외워 다닌 거야. 그 소녀는 몇 구절의 푸시킨의 시구절에 속은 거야!
    그런저런 한세상 보내오면서 그녀는 안갯속을 걷는 세월을 지나며 그래도 아름다운 푸른 하늘에 갖가지 소녀 시절 소망의 무지개를 찾아다 녔지.

  조금은 꿈을 가지고 살아온 거야. 애 하나 낳을 때까지는 기다려 보자. 무기력한 시커먼 놈한테서 떠나기로 결심했는데 어쩌다 둘째 애 현이가 태어난 거야. 또 체념을 해야 했지. 이때까지 참아 왔는데 애들 교육은 마치고 가야 하지 않을까? 결국 떠나지 못하고 내일이면 따뜻한 햇볕이 비쳐 오리라 소망하지만, 바라던 소망은 이루어시지 않고 저잠하리만치 부서져 소녀 때 푸른 하늘에 한없이 하얗게 수놓았던 작은 꿈마저 하나하나 접으며 세월 속에 묻혀 가고 있는 거야!

  세월은 그녀를 속여 그 멍청한 녀석은 완전히 김빠진 맥주처럼 무기력한 채 뒹굴어져 있고, 이제는 흘러간 시간도 야속해 늙은 소녀는 치솟는 울분을 터뜨리며 지난날 순간의 판단이 어리석었음을 이제야 후회한들….

  이미 다 흘러가 버린 세월인데….

  애들이나 어렸으면 양팔에 끼고 도망갈 테지만 이제는 어른이 된 데다, 며느리까지 있으니 올라갈 수도 없는 신세가 아닌가?

1998. 9. 1
- 한 소녀의 신세를 망쳐 놓은 사람

행복

✉

맞는다는 것은 때리는 것보다 행복하나니라
못 먹어 뼈다지가 훤히 들여다뵈는
가슴팍을 드러내 놓고
이렇게 너에게 맞으려 한다
한 여자의 인생을 버려 놓은,
망가뜨려야 할 놈의 몰골을 보기 위해
제각기 한 가지씩 흠을 보면서 모여든 장난기 어린 사람들
세상의 고달픈 여정을 마감하고
아낙에게 맞아 운명하려는 한 인생의 실패자를 향해,
그들은 이 슬프고도 장렬한 장면들을 보기 위해 모여든다
말라비틀어진 사내에게도 헝클어지긴 했으나 진홍빛 꿈이 있었는데
이 잘못된 세상 육신이 비틀어지기까지 사는데 연연할 이유가 없지 않은가
아! 맞는다는 것은 때리는 것보다 행복하니라
살점이 떨어지고 뼈다지가 부서져 죽어
오늘이 마지막이 되더라도
원망하지 않고 웃으면서 가리라
비록 이것이 마지막이 되더라도
진정 사랑하였으므로 난 진정 행복하였노라

1999. 5. 25

황혼 깃드는 길목에서

✉

나는 이제 느낍니다.
내 능력이 다 소진되어 생명이 다할 때 당신을 바라보는 내 모습이 당신의 사랑스러운 눈길로 덮이는 그날, 당신의 그 검은 눈망울에 수정 같은 눈물이 맺힐 것을 나는 알고 있습니다.
그리고 당신과 만나 맺어졌던 너무나도 소중했던 우리의 여정들! 따사로이 잡은 당신의 손길을 느끼면서 나는 조용히 떠나렵니다.
안녕이라고....

1997. 11. 11

가족에게

불꽃이 되어 타오르는 저 태양과 같이
이 세상 창조되어 있는 모든 것을 너의 품에 한껏 안으라

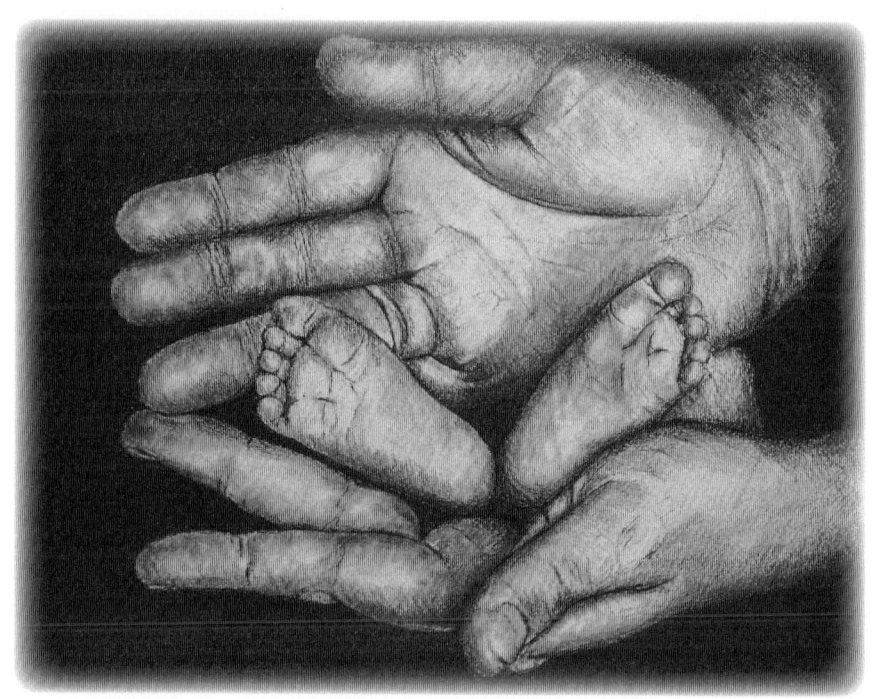

어머니

✉

파아란 하늘에
하얀 구름 흐를 때
어머니
푸른 바다로
분꽃 되어
흘러갔네

꿈속의 산책

✉

달빛이 고운 밤
엄마의 토닥토닥 자장가 소리에
우리 아가 새근새근 잠들면
아기별 살포시 내려와
아기 곁에 소록소록 잠드네

1999. 7. 29
- 할아버지가

축복! 아기 천사

✉

7월의 찬란한 태양의 계절
고귀한 빛을 받아
잔잔히 우리 가슴에 안겨 온 천사여!
바라만 보고 있어도
생각만 하여도
행복한 우리 아가!
장미 꽃잎의 이슬처럼 순결하구나
포근한 고요가 흐르는
영롱하고 맑은 너의 눈빛 속에
바이올렛 꿈이 가득하고
장밋빛 볼과 그 앙증스러운 오똑한 코
금방이라도 방긋방긋 웃을 것 같은 그 작은 입
그 뽀오얀 손가락과 발끝의 따사로움은
손잡고 뛰어놀던 천사들의 체온인가
신비하고 아름답구나
금방이라도 일어나 와락 우리 품에 안겨 올 것만 같구나
우리는 보노라 느끼노라!
우리 마음을 가득 채운 넉넉함과 하나님의 축복을!

햇살처럼 포근한 푸른 대지에
자지러지게 깔깔대며 뛰어놀 너의 모습을!
그리고 머지않아 찬란히 펼쳐질 너의 세계에
향기로운 인격자가 되어
오색 무지개처럼 피어오를
너의 이상과 명성이
드높여지는 날을 우리는 보노라

1999. 7. 19
- 할아버지가

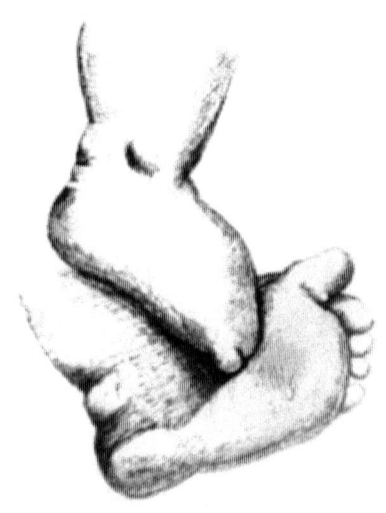

운이, 순임, 현아!

✉

　27세 난 노처녀 너희 엄마 시집오는 날 참으로 대단했지. 부산 영락교회 그 큰 교회당이 축하객들로 와글와글 법석댔으니까 말야. 날씨는 얼마나 좋았는지 하늘이 갓난아기 눈동자같이 맑아 새파란 하늘에 하얀 구름 두리둥실 떠다니고 정말 날씨 한번 좋았지.
　그날, 너희 엄마에겐 생애 최고의 날이었어! 신부가 입이 벌어져 그날 저녁 신혼 열차 타고 갈 때까지 다물 줄 몰랐으니까 말야.
　그 이유는 비록 얼굴이 검어 콩고인 같기도 했지만 늠름한 신랑의 모습이 너무나도 좋았으니까.
　난 기억해! 식장에서도 신부의 상기된 얼굴이 너무 어여뻐 목사님 축복 기도하실 때도 나는 눈을 살짝 뜰 수밖에 없었지. 새색시의 다소곳이 숙인 머리며, 도톰한 앵두 같은 입술이며, 까만 속눈썹이 그렇게도 매력적이라 살짝 뽀뽀해 주고 싶은 충동을 느꼈지.
　익어 가는 7월의 복숭아 같은 핑크색 볼따구며 또 백조같이 쭉 뻗은 이목구비며 난 새색시 얼굴 더듬느라고 아멘 소리도 못 들었지. 식이 어떻게 끝났는지 축하객들로부터 한없는 축복을 받을 때까지도 어안이 벙벙했어.
　우리가 털털이 포니 택시를 타고 새살림을 꾸릴 새 둥지를 찾아갈 때야 난 드디어 이렇게 어여쁜 사람이 내 색시가 되었구나! 그 승리감에 난 정말 흐뭇했어.

그때의 그 심정은 오랜 세월이 흘렀지만, 아직도 너무나 생생해!

너희들이 태어나 꿈같은 성장 시기에 갖가지 아름다운 추억들이 뇌리에 맴돌지만, 이제 너희 엄마는 그 아름답던 얼굴에 잔주름이 가득, 머리는 희끗희끗.... 그것이 안타까워 매일 족집게로 뽑고 있고, 배는 볼록, 그렇게 이렇게 늙어 가는 너희 엄마를 곁에서 지켜보노라니 참으로 세월이 야속하구나!

미스코리아 선발 대회를 수없이 보아 왔지만 너희 엄마 같은 미인을 난 아직 못 봤어! (그런데 요사이 TV에 한둘이 보이지만) 하여간 그때는 너희 엄마와 같이 걷노라면 뒤돌아보지 않은 사람은 눈이 먼 사람이었다니까!

그런데 세월이 흐르니까 요사이는 어떻게 된 것인지 여자들이 나에게만 시선을 돌려!

나의 사랑하는 아들들아, 내 귀여운 며늘아가야! 이렇게 세월은 잠시 지나가 버리고 남는 것은 아쉬운 추억뿐, 이렇게 지나온 날을 그리워하며 살날이 너희에게도 언제인가 다가온다는 것을 알고 세상을 매사에 긍정적인 사고로 알차게 살아가려무나.

27년 전 나에게 반해 정씨 가문에 시집와 아직 허리 한번 펴지 못하고 박봉에 아득 빠득 살아온 여인! 자상하고 알뜰한 저 선녀와 같은 착하고 위대한 너희들 엄마이며 나의 영원한 애인에게 축배를 들자!

축배! 축배!

감사증

✉

이름 : 정 현
혈통 : 정경철 씨의 작은아들

위 자는 땡땡이치면서도 어려운 대학 시험에 합격하여 모든 이들에게 감격과 코끝 시큰함을 주었으므로 아버지의 어깨가 올라가게 한 공적을 널리 인정하여 이에 상금을 수여함.

정경철 씨의 별명 정왕초

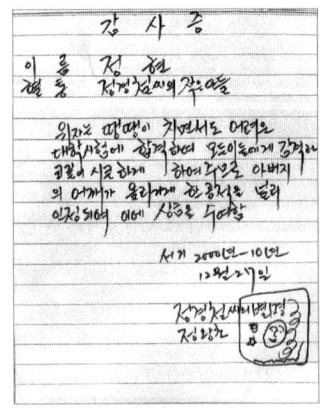

사랑하는 아들아

✉

사랑하는 아들아!
또 한 해를 접으려 하는구나
잡을 듯하면서도
그 많은 훌륭한 배필감들을
저만치 보내려 하느냐?
결코 젊은 날의 빛나는 시간은
길지 않다는 것을 명심해라

보석은 갈고 닦아야 하는 법
배필도 완벽한 사람은 없는 것
원만한 사람들끼리 만나
서로 부딪히면서 살아갈 때
진정 귀중한 부부가 되는 법
금년은 참으로 많은 것을 경험하고
두루 다녔으니….
오는 해는 차분히 너의 배필을
찾는 데 주력하거라

— 아버지가

생일

✉

불꽃이 되어 타오르는
저 태양과 같이
이 세상 창조되어 있는
모든 것을
너의 품에 한껏 안으라

1998. 12. 10
생일을 축하하면서
- 아버지가

사랑하는 현이에게

✉

더없이 아름다운 크리스마스이브가 되길…
우리 가족은 진심으로 축원한다.
누구인가 특별한 이와의 만남을 위하여
기다리는 너에게
보탬이 되길 바란다.

1998. 12. 24
- 너를 사랑하는 우리 가족이

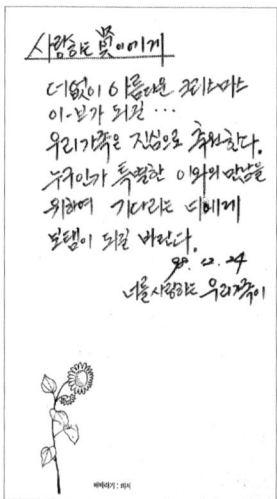

아들에게 보내는 글

✉

햇살 좋은 창가에 앉아
사랑스럽고 평화로운 놀이터 아이들 뛰노는 광경을 보며 많은 세월을
뒤돌려 본다.
바람과 햇살이 춤추며
꽃향기 속에 뒤덮였던 전원 잔디밭
강아지들과 뒹굴며 지내던 시절을….

나이가 들어가는 것도 청춘만큼 재미있다고 겁먹지 말라고 하지만
나이 들어 가면서 조급함을 갖는 것은 현명하지 못하다 했으니
어떻게 살아야 할지, 어떤 자세로 살아야 할까?

푸른 바다는 가늠할 수 없는 깊이를 갖고 있듯이 사람도 그렇다.
부드럽고 두터우며 안으로 간직해 깊이 있는 사람이 무서운 사람이다.
단단하고 예민하고 잘 보이고 가늠하기 쉬운 것들은 무서울 것이 없다.
제풀에 꺾이고 뻗대다가 자멸한다.
그러므로 드러내는 대신 감추고
얄팍해지지 말고 더 깊어질 필요가 있다.

사람 좋다는 소리 듣기보다 내실을 지켜 함부로 범접할 수 없는 무게를 지녀야 한다.
또한 이 세상에서 가장 행복한 사람은 지금 그 자리에서 그 모습대로 감사하면서 살아가는 사람이라는 것을, 즉 평범 속에서 행복을 찾는 사람이 훨씬 여유롭다는 말을 명심하면서 살아가거라.

이런 쓸데없는 말들을 늘어놓는 걸 보니 아버지가 많이 늙었구나 생각되겠지.
그래, 이제 살날이 얼마나 남았을까….
사랑한다 아들아!

비문

저는 시신 기증을 서약하였으므로 묘비는 없을 것으로 아나 평소 생각한 문구들을 적어 보았습니다.

보기 1

더불어 함께 살아온 당신들을
진정 사랑하였으므로
행복하였노라

보기 2

당신들과 함께한
찬란한 시간들
별빛이 되고
들꽃이 되어
감사하리라

보기 3

지나간 것들의 추억은
아름다우나
저 천국의 화려한 삶은
더욱 찬란하리라

군대 가는 손자에게

✉

군에 입대하려고 휴학하였다면서?
어느새 군에 갈 나이가 되었다니 대견하고 자랑스럽다.
군에 입대하는 것은 대한 남아의 당연한 의무이니 새로운 환경에 잘 적응하리라 믿는다.
앞으로 군에서 보낼 시간이 어떤 조언보다 값지리라는 것을 교훈 삼아, 삶이란 해보지 않은 경험으로부터는 아무것도 배울 수 없다는 각오로 어려운 시간들을 슬기롭게 이겨내야 한다.
인격이란 것은 편안하고 고요한 환경에서는 절대로 성장하지 못한다는 것을 명심하거라.

-할아버지가

사랑을 주는 삶

✉

롯데백화점 전망대에서 한 자 적는다.
항상 지금의 시간이 가장 소중함을 알고,
자신을 인정하고 자존감을 갖고 살아라.
또한 주변에 있는 사람들이 소중함을 알고,
사랑을 받으려고 하지 말고 사랑을 주는 삶을 살도록….

2019. 5. 5

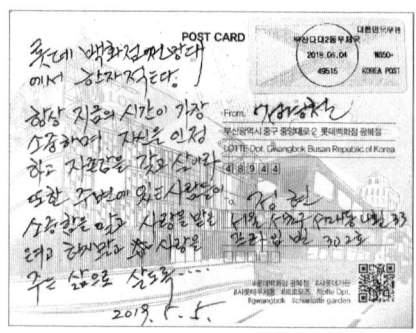

친구에게

나 혼자가 아니라는 것을 일깨워 주는 사람들
고맙습니다
사랑합니다

청명한 아침

청명한 아침
오늘이라는 좋은 날
햇빛에 반짝이는
바다 물결이 아름답듯이
오늘도 우리의 삶이
반짝반짝 빛났으면 좋겠습니다.

2013. 12. 4

강물

✉

강물은 때로는
격하게 흐르기도, 흩어지기도 하지만
이내 화합해 조용히 바다로 흘러갑니다.
이것이 자연의 섭리입니다.
우리의 삶도 이와 같이
순리대로 살아가야 합니다.

- 친구들에게

선물

✉

우리 모두는 아침에
하루라는 귀한 선물을 받았습니다.
그 하루 안에는
많은 분과 아름다운 소통을 할 수 있는
마음과 건강이 들어 있습니다.
이 하루라는 선물을 어떻게 쓰시렵니까?
오늘이 축복과 행복을 나누는
아름다운 하루가 되길 소원합니다.

2013. 12. 05

행복

✉

사람이 행복을 느끼기 위해서 필요한 것은 무엇일까?
그것은 누군가에게 사랑받는 것
누군가에게서 칭찬받는 것
누군가에게 도움이 되는 것
그리고 누군가에게
필요한 존재가 되는 것입니다.

2014. 1. 6

풍요로운 마음

진정으로 아름다운 사람은
마음을 풍요롭게 나누고
절대적 믿음이 있는
진실된 사람입니다.
오늘도 통쾌하고
환상적인 하루를 보내시길
소원합니다.

나이는 시간과 함께

✉

나이는 시간과 함께 달려가
뜻은 세월과 더불어
사라져 간답니다.
고운 마음으로 보는 세상은
아름답기만 합니다.
오늘도 고운 마음으로 아름다움만 보는
귀한 삶 귀한 날이 되길 기원합니다.

2013. 12. 9

12월

우리는 때로 외로울 때가 있습니다.
우린 풍요로움 속에 자기 자신을 잊고 살아가느라
고독 속에 묻혀 있는 것이 아닐까요?
법정 스님은 사람은 때로는 외로울 수가 있어야 한다고 했습니다.
외로움은 옆구리로 스쳐 가는 바람 같은 것이라고 했습니다.
오늘도 나는 계절이 가는 12월의 길목에서
그 풍성하던 초여름의 나뭇잎들이 한 잎 한 잎 꽃잎같이 날리는 아름다움을 보며
자연의 섭리에 경의를 표하지 않을 수 없습니다.
이렇게 모두 버리고 앙상하게 부챗살같이 드러낸 나무들을 보면
우리는 생활 속에서 소유의 가치를 새롭게 발견하게 됩니다.
내게도 버려야 할 것이 너무 많습니다.
이기적인 행동, 내 중심적인 생활, 왜곡된 가치관!

이제 나에게 주어진 여건과 상황에 순응하고
작은 것의 아름다움과 내 생활에 몰입해야 하겠습니다.

벗이란

✉

벗이란 서로를 아끼며
존중하며
힘들 때 서로 돕고
잘못을 잡아 주고
존경하는 사이가 되어야 합니다.
또한 친구 간의 우정은
산길과 같아
자주 오고 가지 않으면
이내 잡초가 자라
길을 잃을 수 있습니다.

2013. 12. 10

벗이 가는 길에 홀로 서서

✉

아 슬퍼라
다정했던 벗님이여
이제 석양에 이별의 빗물이 되어 만리청산을 떠나는가
가는 길이 무엇이 그리 급하여 서둘러 어디라고 가시는고
부평초 물결에 밀리듯이 오대양을 헤매고 다니더니
아 벗님의 패기 어린 한평생 헛되고 헛되구나
벗님이여 그대 평생 야망이 한낮 이렇게 허망했던가
그렇고 그런 세상 그런대로 지낼 것을 만사가 마음대로 안 되는 세상 이대로 저대로 되어 가는 대로 바람이 치는 대로 물결치는 대로 살 것이지
무엇이 그리 서러웠던가
인생은 한세상 허둥대며 헤매다 보면 젊은 시절 다 지나가고
쉬 백발이 오는 것이 여정이 아니었던가
어떻게 가는 춘풍을 매어 두며 지는 꽃을 탓하랴
늘 푸른 대나무와 같은 벗님의 그 이상 왜 그리 쉬이 꺾여 버리고
훌쩍 가 버린단 말인가
인생은 둘인가 셋인가
항상 큰 바다만 바라보고 살아온 벗님이었는데 하늘은 저렇게 푸르고 넓기만 한데

그 무서운 파도를 겪고 살아온 벗님이 어찌 작은 것을 보고 큰 것을 보지 못했는가
골짜기 지는 들꽃만 보고 찬란한 단풍이 천 갈래 만 갈래 흐드러지는 것을 왜 못 보았는가
벗님아 옷깃을 잡아가는 길 막으려 해도 이미 저만치 앞서가는구나
그대인들 가고자 하는 마음 앞서랴
가고 가서 느디어 고뇌가 없는 천국에서 편히 쉬게나
아! 벗은 갔으나 벗의 향내 내 마음 적시고
벗의 다정한 눈길이 따뜻한 햇살 되어 나의 곁을 맴도네
아 벗님이여
우리의 정은 강물이 되어 끝없이 이어지리라.

1997. 10. 20
- 앞서간 황호남을 그리며

벗이 가는 길목에 서서

✉

허!
자네도 가는구먼
인생살이 한바탕 일장춘몽이라더니 한낮 허망한 꿈만 안고 살다 무심하게 떠나가는구먼
아무리 빈 껍질뿐인 세상에서 살다 가더라도 조금은 가는 길이 아쉬움이 있을 것인데
무엇이 그리 급하여 북망산 가는 길을 재촉하는가
그 옛날 동산에 벌렁 누워 한세상 멋지게 한번 살아 보기로 한 지가 어제인데
오늘 우리는 자네를 차디찬 석곽 속에 누여 놓고 돌아설 때 눈물이 앞을 가려 차마 돌아설 수 없었다네
이 저녁 적막한 산정에 홀로 누워 무엇을 그릴까
사랑스러운 가족들과 이별하고 떠나기 아쉬워 흘리는 눈물이 있느냐, 정다운 친구들과의 옛 추억 그리움이 남았느냐
별빛이 초롱초롱한 이 밤 외로우리라
흐르는 시냇물 소리도 들리느냐, 흐르는 유성도 보이느냐
아! 이제 너의 그 인자한 모습은 영겁으로 사라졌구나
야속도 해라. 이렇게 순간에 서로의 우정이 끊어짐은 누구의 장난이냐

차라리 아예 만남이 없었으면 이렇게 텅 빈 가슴앓이는 없었을 것인데
왜 그리 허망하게 앞서가는가
무엇이 그리 서러웠던가
무엇이 그리 그리웠던가
야속하구나 벗이여
생전에 따뜻하던 벗의 손길 이제 새삼 한번 잡아 보지 못하고
이제 저만치 떠나가는구나
이제 잡으려 해도 잡을 수 없고
불러도 돌아보지 않는구나
벗이여 가거라 잘 가거라
저 밝은 세상으로 훨훨 날아가거라.

1998. 2. 25
- 친우 정진하 가는 길목에 서서

삶의 질

✉

우리는 살아가면서
삶의 질을 높이려고 많은 노력을 합니다
내 주변의 삶을 같이 공유하는 분들과의
체면과 믿음이 깨어지는 것은
실로 안타까운 일입니다
그러나 모든 갈등에서 한발 물러나면
세상은 밝게 보입니다
어차피 인생은 홀로 살 수 없는 법!
베푸는 삶의 기쁨을
같이 누려 보시지 않겠습니까?

- 친구들에게 보낸 카톡

품위 있는 생활

✉

우리가 나이 들어가면서
초라하지 않고 품위 있게 살아가려면
사랑, 여유, 용서, 아량, 부드러움을 갖추어야 하지만
가장 핵심적인 요소는
열정이라고 생각합니다.
또한 인간관계를
'나' 중심에서 벗어나야 합니다.

- 카톡 보낸 글

4월의 마지막 길목에서

✉

벚꽃이 아름답게 피고 지며
또 다른 화사한 꽃잎들이
나풀나풀 눈꽃처럼 쏟아지는 4월이 지나가는군요

계절의 변함에
자연의 위대함을 새삼 느껴 봅니다

나는 오늘 문득
내가 아는 사람들의 안부를 일일이 묻고 싶어졌습니다

별고 없이 잘 지내시는지
건강은 어떠하신지
안부를 전할 수 있는 친구가 어딘가 있다는 게
얼마나 다행스러운 일인지

세상에 내 삶을 염려하여
잘 있느냐 물어 오는 사람들이 있고
내가 안부를 물어보고픈 사람들이 많이 있다는 것이
얼마나 다행스럽고 큰 힘이 되는지

카톡을 보내 주는 이가 있음은
늘 당신을 생각하고 있음이며
카톡을 받아 보는 이는
늘 정겨움을 느낄 것이며
이것 또한 혼자가 아닌 우리의 모습이 아닐는지

나 혼자가 아니라는 것을 일깨워 주는 사람들
고맙습니다
사랑합니다
행복의 안부를 전합니다

만물이 소생하는 4월을 보내면서
건강하고 즐거운 날들로
좋은 일만 가득하길
기원합니다

사랑합니다.

한 해를 보내면서

✉

조바심 속에 또 한 해를 보내고 또 한 살을 먹는다.
올해라고 연말이 특별한 것은 없지만
그럼에도 의미를 두는 것은
흐르는 시간 앞에서 한순간만이라도
스스로의 마음을 다잡아 보고자 하는 마음 때문인 것이다
뒤돌아보면 어디를 정신없이 달려왔는지….
그러나 늘 그렇듯이
가슴 뿌듯한 즐거움이나 보람보다는
별로 이룬 것도 없이 또 한 해를 보내는
아쉬움과 회한의 마음뿐이다.

2부

시

세월

봄 여름 가을 겨울
당신과 더불어 한평생 젊고 젊어
꽃 속에 살리라 다짐했는데
그 시절 이렇게 쉽사리 가 버리고
어느새 흰 머리카락 날리며
세월의 포구에 섰네
아! 결코 잊히지 않을 주옥같은 나날들은
저기 저 강물에 떠내려가는
꽃잎같이 흘러가 버리고
서로의 주름진 얼굴을 보며 가슴 아파 한다
사랑하는 사람아!
아름답고 황홀했던 나날들이여
이제 한낮 머언 향수가 되어 버렸나
아! 계절과 더불어 흘러간 청춘은
한낮 풀잎의 이슬 같으니
다시 오지 못할 그날들의 미련은
속절없는 그리움이어라

1998. 7. 30

세월 2

달 밝은 밤에 내 나이 세어 보니
보내지도 않았고
가지도 않은 것 같은데
어느새 노년이라

엄마 품에 안기어 칭얼대다
토닥토닥
엄마 손길에 소록소록
잠들던 때 엊그제인데

인연

우리는 태어나면서
죽을 때까지
수많은 인연을 맺는다
옷깃만 스쳐도
인연이라 하는데
도대체
우리에게 만남이란 무얼까
때로는 물 같고
때로는 불 같기도 하고
때로는 바람 같기도 한 만남
그 순간 우리 삶이
움직임을 느낀다.

가을

지는 해 창가에 노란 은행잎
소낙비 같이 흘러내리고
앞산의 단풍은 석양에 물들어
쫓기듯 다가왔던 계절은
저만치 앞서가네
정녕 이렇게
국화 향기에 쉬이 감인가
머물 수 없는 계절인 양
산빛 고운 가을은
낙엽 되어
저만치 가네

1999. 11. 23

가을 2

찬비 온 아침에
나는 가을을 맞노라
그 누가 온다고 한 언약도 없건마는
기다려 볼 사람도 없건마는

창문을 여니
흰 구름
그림자 하나가
강물에 떠 있고….

가는 세월

지는 해 서산마루에 걸려
흐르는 구름 물들이니
들녘에 핀 들꽃
그 자태 현란하구나
바람이 와서 불 적마다
적막한 산골에
구름은 모여 가득하고
오는 이 없어
적막한 이 청산 계곡
아!
저 하늘 저 산이
저리도 고운데
흐르고 흐르는 저 녹수는
무심한 세월만 안고
덧없이 흘러가는구나

- 지리산 자락에서

가을 들녘

10월의 단풍 진 산길에
가을 들녘 바람은
스산하고 찬데
하늘빛은
눈이 시리도록 맑구나
계절은 가고 가서
어느새 산야는 오색으로 물들어 가고
한 세월을 지내온 잎새들은
찬란한 빛으로
아래로 아래로 쏟아져 내리는구나
석양에 홀로 서서
덧없이 가는 아쉬운 계절에
내 젊은 시절을 소리쳐 불러 보니
한적한 들녘에
메아리 되어 오는 것은
흩날리는 낙엽뿐이라

가을 하늘

아기 눈동자 같은 맑은 하늘
아가들 그림 속 파아란 크레파스 색깔처럼
가을 하늘은
파아란 물감 되어 뚝뚝 떨어진다
동산에 팔베개하고 누워
가을 하늘 바라보면
금세 나는 파랑새가 되어
파아란 하늘을 날아다닌다
창공을 날면
구름 지나가는 소리
계절이 지나가는 소리
먼 길 가는 철새들의 날갯소리
나는 파란 하늘을 이고
파아란 마음이 되어
파아란 하늘에 안긴다.

1998. 11. 6

갈망

그리워 달려가 앞에 서면
4월의 포근한 가슴으로 맞으렵니까
언제인가
안녕이라고 멀어졌던 그 시간들
서로 타인이 된 채 못 잊어
그리움을 아픔으로 새기며
수없이 살아온 날들 속에
이별이란 단어를 차마 못 잊어
묻어 둔 추억들을 반추하며
이제 황혼을 맞은 초라한 모습으로
당신의 품속으로 달려가 보지만
해맑은 당신의 가슴속에 남겨 놓은
내 모습 모습들이
아무 흔적도 없이 흘러가 버린 구름인가요
그러나 지나간 추억의 그림자는
아직도 진주 같은 이슬이 되어
당신의 해맑은 눈동자에 남아 있어
그날의 따스한 숨결과 뜨거웠던 입술을 느끼며

이슬이 빗물 되어 나의 가슴에 젖어 올 때
서로의 갈망은
별빛이 되어 빛나고
꽃잎이 되어 휘날려
끝없이 퍼져 갈 것입니다.

계절은 가나니

계절은 가나니
우리 곁에 다가왔던
10월은
머물 수 없는 계절인 양
빗물 되어 흐르고
이렇게 쉽사리 가버린 나날들은
한낱 풀잎의 이슬 같으니
다시 오지 못할
그날들의 미련은
속절없는 그리움이어라

- 10월 마지막 날에

고향

산이 좋아 산에 오르니
산꽃만 가득
산이 높아 먼 고향 바라보니
뽀얗게 흐려오고
끝없이 끝없는 그리움이
한 조각 구름 되어
북쪽 하늘에 흘러 살도 간다
실개천 지나 밭고랑 논두렁 그림자 드리우며
그리움에 향수는 소리쳐
파아란 하늘에 메아리 되니
이름 모를 산꽃만 하늘하늘

- 베네골 산정에서

구름같이 지나온 세월

석양에 만산홍엽을
껴안듯 흘러가는 저 구름아
허공은 만리
굳이 갈 곳도 없는데
무슨 설움이 그리 많아
눈물을 가슴에 담고 쉬이 가는가
저 기암절벽 푸르면서 흰 노송도
천만년 침묵 속에 수없이 씻겨온 세월을 안고
외로이 뿌리하고 있는데
운무 자욱한 계곡을 휘몰아쳐 흐르다
한 맺힌 저 강물도 여울 되어 쉬는 곳
아! 여기가 네 머물 곳이 아닌가?
한때는 찬란한 창공에 흘러
태양 빛과 달빛을 헤치며 지나온 나날
아! 흘러간 날의 색조는 아름다웠도다

1998. 11. 17

님 생각

님이 가신 곳이 천만리 구만리인가
점점이 이어진 그 많은 세월
무엇이 그리 서러워
꿈속에서조차 아니 뵈나
행여나 오늘 밤은 밝은 웃음 보일까
베갯잇 높이 고여 창밖을 바라보니
무심한 기러기 떼 서쪽을 향해 날고
올 듯 오시지 않는 님 생각에
새운 밤 흘린 눈물에 베갯잇만 젖었네

1997. 10. 26

그리움은 구름 되어

이제야 알았는가
지나간 날을 그리워함이여
그날의 임에 대한 그리움이 꿈이 되어
내 마음 흰 구름 따라 떠나니

임이여!
그대 계신 곳이 어디인가
청산靑山에 오르면 임 계신 곳이 보일까
안개 자욱한 계곡溪谷을 돌아 산정山頂에 오르니
풍우風雨에 천년千年 잔솔은 힘겨워 비스듬히 누웠고
흰 구름은 가기도 하고 머물기도 하는구나

지난 세월歲月이 그리 멀지도 않은데
임의 얼굴 다가오지 않아 멀거니 빈 하늘만 쳐다보니
한가한 백구白鷗는 구름 속을 넘나들고
건너 마을 실개천은 은빛 되어 흐르네

지나간 날을 그리워함이여
그날의 임의 모습은 어디 갔나
초롱꽃 같던 임의 모습 떠올리고자
푸른 창공蒼空에 임의 모습 그려보니
왜 그리 차디찬 모습뿐인가
다정했던 임의 목소리 먼 산에 불러 보니
메아리쳐 울려오는 것은 잔잔한 산울림뿐

지나간 날을 그리워함이여
그날의 환희歡喜는 어디 갔나
이제 수없이 쉬었다 흘러간 흰 구름이
멀리 지평선地平線에 가물거리고
돌아갈 길 잊은 채
석양夕陽빛에 팔을 베고 누워 보니
임의 냄새 꽃향기 되어 달려오고
임이신가 급히 일어나 사면을 보니
타오르는 철쭉꽃 골짜기
바람만 스쳐 가네

1998년 5월 21일 가지산에서

꽃잎은 지는데

바람에 꽃잎 하얗게 날리니
이 계절季節의 시름을 아는가
꽃잎은 눈물 되어 뿌려지고
지는 꽃잎마다
절절節節한 사연事緣이로다

아! 봄이 오고 가는 소리는
어디서 왔다 어디로 가나

이름 모를 새들도
지는 꽃 서러워 슬피 울고
한 조각 흰 구름도
휘날리는 꽃잎에
무심無心도 다정多情인 양
꽃잎 진 가지에 쉬어 가는구나.

아! 이 계절季節에 가고 오는 것이
모두 다 새로운데
풍상風霜에 어지러이 찢긴 몸
어디로 가야 하나
오늘에 와
눈시울에 젖어드는 내 존재存在를
꽃잎 날리는 언덕에 올라 슬퍼하노라

2001년 4월
- 벚꽃이 눈발처럼 휘날리는 언덕에서

낙서

단풍길 따라 따라 바윗길 돌아들어
칡넝쿨 잡고서 상봉에 오르니
가을 하늘 구름 막막하고
하늘이 바다인가 바다가 하늘인가

낙서 2

바람이 낙엽을 몰아 창문을 두드리니
꿈에 왔던 님이 황급히 떠나 버렸네
두어라
어차피 있고자 온 님이 아닌데
굳이 붙잡은들 무엇하리

1997. 10. 29

낙서 3

아가야 산으로 가자
산이 붉은 치마 노랑 저고리 갈아입었네
고추잠자리 도토리나무 가지에 앉아 졸고
오색실 풀어내어 병풍 두른 골짜기 돌아 돌아
산정을 바라보니 오라고 반기는 것은
떠 있는 구름이어라
이 산에 서서 저 산을 바라보니
선경과 같은 별천지가 바로 여기인가
유정하구나 유정도 해라
아가야 우리 여기 한평생 살까나

낙서 4

가을 하늘 푸르름은
흰 구름이 가고 와도 다투지 않고
산봉우리 불타는 가을 단풍은
바람이 불어 떨어져도 서럽다 하지 않네
유유히 흘러가는 시냇물은
숲을 돌며 한가롭기만 한데
배꽃같이 아름답던 님의 얼굴
해마다 달라지고
내 모습은 이렇듯 늙어 가는데
석양에 홀로 서서
떠가는 흰 구름만 바라보노라

1997. 11. 6

낙서 5

청산은 이제나저제나 변함이 없는데
님과의 꿈 같은 세월은 왜 이리 빠른고
아름답던 시절은 저만치 달려가고
그날의 추억은 면면히 끊어질 줄 모르나니
흐르는 저 강물은 나의 눈물이어라

노랗게 물든 은행잎

노랗게 물든 가로수 은행잎들이
온 세상을 노랗게 물들였습니다
노란 은행잎 하나가 내게로 날아옵니다
나는 그 잎에 가만히 입맞추어 봅니다
한 계절 바쁘게 스쳐 간 많은 이의
아름다운 모습들을 가득 담고 있습니다
이제 계질이 아스라히
허공에 잎들을 날려 버리고 나면
도심에는 앙상한 모습으로 옷깃을 올린
사람들이 오가겠죠

- 어느 가을 아침에

님의 눈물

님을 보낸 지 아득하지도 않은데
왜 그리 그리움인가
차라리 미워 보냈으면
그립지나 않을 것을
애타게 그리워 동산에 올라 보니
그날의 오솔길 그대로인데
오늘 와 다시 서니 님의 자취 없고
차가운 바람만 불어오네

아! 엊그제 청춘이 나그네 됨인가
행여나 님의 손길 있을까
같이 걷던 그 길을 돌아들어
빈 절터 찾으니
이끼 핀 바위 위에
둘이 쌓은 돌탑은 무너져 내리고
이름 모를 들꽃만 하늘하늘
마음이 아파 먼 하늘만 쳐다보니
님의 눈물인가
차가운 이슬비만 내리네

1998. 6. 3.

달님

달님이 간다
나도 간다
추풍령 고개 들녘을 지나
옹기종기 감나무골 마을 지나
시월의 가을밤
산 넘고 시내 건너
차창 밖 달님은 서만지 웃음 지으며 다가온다
산기슭 깜박이는 초막집 지나
산까치 잠드는 포플러 숲을 지나
앞서거니 뒤서거니
달님은 저만치 앞서간다

당신은 무엇이기에

길가에 돌부리 하나 있어도
지나는 바람에 풀 한 포기 흔들려도 무심치 않음에
당신을 생각하게 합니까
가고 돌아서지 않는 세월에
묻혀 온 수많은 그날들
눈빛과 눈빛이 마주친 그 많은 사람 중에
유독 당신의 그림자는 나에게 무엇입니까
여름날 빗줄기 선뜻 지나쳐도
행여 당신의 가슴에 골이 패일까 가슴 아리는 것은
퇴색한 심장의 탓일까요
이제 와 세월의 아름다움이
그렇게 저렇게 씻겨져 버려
바닷가 해당화처럼 세월에 겨워진 모습이
당신의 모든 것이 애처로워지고 가슴이 메어
지나온 세월을 뒤돌아보니
모두 다 앗아가 버린 허공뿐이요
끝도 없는 우리의 꿈은 산산조각이 되어
추억 속에 맴돌기만 합니까
청춘은 한낱 허상일 줄이야

1998. 12. 25

덧없는 세월

어느새 2월이라
알뜰하고 아름다운 시간들은
저 흐르는 강물처럼 저만치 흘러간다
한때 밤낮으로 새로웠던 내 인생
새벽의 안개처럼
잠시 햇빛을 모으다
이세 젊었을 때를 생각하고 길게 탄식하니
흰 머리카락은 귀밑을 덮었고
백옥 같던 살결은 그 언제이던가
아득하기만 한 세상사
아무것도 이룬 것 없이 덧없이 늙어가고
끝없이 밀려오는 지난날의 회한에
뜬눈으로 밤을 새우고
깊은 밤 홀연히 젊은 날을 꿈꾸며
울고 울어 눈물이 한이 남아도
공허함은 씻을 길 없고
새벽은 또 밝아 온다

2015. 2. 1

매물도

세속을 잊으려 흰 구름 쫓아 떠나니
조각구름 파아란 하늘을 가르고

까마득한 뱃길에 동풍이 일어 뱃전을 두드리니
검푸른 물결만 춤추네

아기자기한 푸른 섬 조각들은
물결에 그림자 되어 흔들려 지나가고
인적 없는 바위섬 기슭 갈매기 반겨 날아가네

한산섬 돌아 비진도 바라보며 천년 깎인 매물도 풍경은
한 폭의 그림이어라

배 대어 올라 보니 언덕 아래 푸른 솔 줄 서 있고
허다한 바위섬 까마득한데
청산은 파도에 흔들리어
매물도가 흘러가는가
물결이 흘러가는가

서풍이 언뜻 불어 갈매기 벗 삼아
흰 바위 끝에 홀로 앉아 낚싯줄 드리우니
고기는 아니 물고 무심한 세월만 낚이는구나

흘러간 세월이 아까워 바구니에 담아 메고
언덕을 올라서니
물결은 석양에 보석같이 빛나고
포구에 고깃배 하나둘 흰 물결 가르니
갈매기 떼 지어 반갑다 마중하네

1999. 8. 13

목련이 피면

겨울이 저만치 가니
목련꽃 가지마다 흐드러지고
그윽한 향기 내 마음에 설레는데
청순한 자태 바람에 가벼이 하늘거려도
떨어질세라 마음 놓일 길 없네
목련이 피는 시절이 오면
화사한 꽃잎은 아련한 옛님 되어 달려오고
님 생각 면면히 이어져 잠 못 이르게 한 밤 한두 번인가
어느 해 목련이 눈발같이 휘날릴 때
우리 헤어졌는데
목련이 피고 지고 그 많은 세월 소식 한번 없으니
서로의 그 거리 천 리도 못 되는데
애타는 이 마음 봄비 되어 내리네
가련한 목련 같은 여인이여
사랑스러운 옛님이여
세월이 흘러도 나의 마음에 목련꽃 같은 당신의 자태

아직도 내 마음에 그림자 되어 남아 있으니
기약 없는 만남의 세월은
목련이 몇 번이나 더 피고 져야 하나
나 비록 우리의 이별이 영원하더라도
비바람이 불어 꽃잎이 휘날리면
님에 대한 그리움을 한 잎 한 잎에
사연 적어 띄우리라

1998. 3. 20

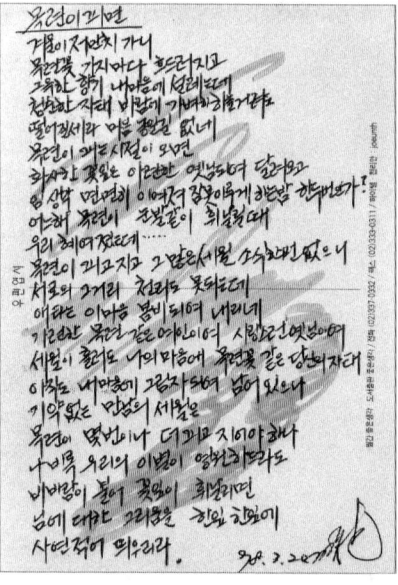

비 오는 바닷가

비 오는 바닷가 찻집의 호젓한 오후
지금 나는 찻잔에 비친 젊은 날의 당신을 본다
파도가 부딪혀 밀려드는 물거품 속에
아름다운 그날의 환상을 그려 본다
저 유리창에 흘러내리는 빗물처럼
씻겨 내려간 추억은
하나둘 희미하게 켜진 가로등같이
나에게 또렷이 다가오지 않고
비 오는 바닷가 가물거리는 몇 척의 배처럼
희미한 추억은 커피잔 위에 가물거린다

비 오는 바닷가
파도가 쓸고 간 하얀 모래 위에
지나간 날들의 잔잔한 추억들을 그려 본다
그리워라
그날의 잊지 못할 다대포 바닷가
그때에 당신이 나에게 한 말 지금은 잊었지만
그날의 맑은 눈동자는 나의 가슴에 또렷이 남아 있고
잡았던 따스한 손길은
아직도 나의 체온에 남아 있는데....

1998. 6. 25

비 오는 교토

비 오는 교토의 찻집
호젓한 오후
지금 나는 찻잔에 비친
아름다운 그날의 환상을 본다

저 유리창에 흘러내리는 빗물처럼
씻겨 내려간
나에게 또렷이
다가오지 않지만
지나간 날들의 잔잔한 기억들이
빗물 되어 흘러내린다.

2014. 6. 7
- 교토에서

사자봉 재악산에 서서

가고 가서 사자봉 재악산이라
오르고 내리기도 하며
한 구비 돌아드니
산기슭 들국화 외로움에 떨고 섰네
앞산 능선 위의 가을 풍경은 흔연히 무르익어 가고
흐르는 흰 구름 따라 내 마음도 흐르니
꿈같이 지나간 우리의 세월은 어디에 흘러갔는고
돌이켜 먼 하늘 바라보니
한낮 지나간 꿈인 양 빈 허공뿐
허무히 지난 세월이 아쉬워
바쁘게 달려온 지난 세월 그려 보니
한때는 우리의 세월은 영원하리라
꽃다운 청춘을 자랑하였지
그러나 꿈이라
오늘에 이 황혼 녘 억새풀 흐르는 산정에 서서
서로의 주름진 모습 바라보고 세월 헤아리니
순간이고 찰나라!

아! 마음이 아파 거칠어진 아내 손길 잡아끌며 당기며
뒤돌아 하산할 때
지는 석양에 구름 빛은 붉게 타고
만산홍엽은 바람에 떨고 섰구나.

1998. 10. 24
- 사자봉 재악산에서

산이 좋아

산이 좋아 산에 오르니
산꽃만 가득
산이 높아 먼 고향 바라보니
뽀얗게 흐려오고
끝없이 끝없는 그리움이
한 조각 구름 되어
북쪽 하늘에
흘러 흘러 잘도 간다.
실개천 지나 밭고랑, 논두렁
그림자 드리우며
그리움에 향수는
소리쳐 파아란 하늘에
메아리 되니
이름 모를 산꽃만
하늘하늘

석별

이별이 그리움인가
님 잃어 나 홀로 보낸 세월
눈물은 강물 되어 흐르고
밤이면 그리워
자다가 깨어 창밖을 내다보면
차가운 달빛에 빈 그림자뿐
돌아누워 이 생각 저 생각
옛 생각에 잠 못 이루어 하노라

석양

지는 해 서산마루에 걸려
흐르는 구름 물들이니
들녘에 핀 들꽃 그 자태 현란하구나
바람이 와서 불 적마다
적막한 산골에 구름은 모여 가득하고
오는 이 없어 적막한
이 청산 계곡

아! 저 하늘 저 산이 저리도 고운데
흐르고 흐르는 저 녹수는
무심한 세월만 안고
덧없이 흘러가는구나

1999. 5. 20

세속을 잊으려

세속을 잊으려
흰 구름 따라 떠나니
저 멀리 조각구름 가까이 다가와
파아란 하늘을 가르고
까마득한 뱃길에 동풍이 뱃전을 두드리니
검푸른 물결만 춤추네
아기자기한 푸른 섬 조각들은
물결에 그림자 되어
흔들려 지나가고
인적 없는 바위섬 기슭
갈매기 반겨 날으네

- 거제도 낚시터에서

속세를 벗어나

속세를 벗어나
벗들과 산정에 오르니
만산홍엽이 흐드러지게 웃고
창공의 흰 구름은 가기도 하고 머물기도 하는구나
석남골의 푸르면서 흰 노송은
천년 침묵 속에 씻겨온 세월을 안고
비스듬히 누웠는데
내 어찌 그 사연을 알 길 있으랴
산정을 돌고 돌아
숲 우거진 넓은 반석에
푸른 물 차고 넘치니
산새들은 구름을 넘나들고
천년을 푸르러
선녀가 멱 감던 곳에 흐르던 구름마저
울고 넘어
절로 가며 절로 오는
세월이 한이 되었나
아! 바로 여기가
신선이 사는 비경이 아닌가

흘러가는 저 푸른 물에
내 마음도 흘러 흘러가노라

- 석남골에 혼을 잃고

신불산 등반기

이른 아침에 안개 자욱한 계곡에 홀로 접어들어 신불산 산행에 오르니 어디선가 천둥소리 까마득한 절벽에서 쏟아져 내리는 물소리, 이곳이 신불산의 명물 홍류폭포!

잠시 앉아 쏟아져 내리는 그 위용에 땀을 식힌 후 다시 배낭을 메니 코 닿을 듯이 가파른 층암절벽이라 숨이 하늘에 닿을 듯 기고 기어서 3시간여 단지봉에 오르니 확 트인 시야 사이로 간월산 정상이 손 뻗으면 닿을 듯 가까이 있고, 산과 산이 온통 울긋불긋 단풍으로 쏟아져 내려 아래로 아래로 흘러내리는구나.

잠시 적벽에 올라앉아 화려한 산야를 바라보니 세상에 한낱 부질없는 욕망들이 허망한 것이라, 정상 오름을 잊고 앉아 화려한 산야에 심취되어 시 한 수 읊고져 하나 맑은 가을 하늘에 빈 마음뿐이라.

정상이 지척이라 등반객들의 환호 소리 메아리쳐 오매 신들메 다시 매고 저 험준한 칼바위 신불공룡능선이라는 석벽을 기어오르고 올라 까마득한 절벽, 마침내 1,208m 정상에 오르니 간월산, 영취산, 재악산, 천황산 봉우리들이 지척이요, 봉우리마다 구름이 감돌고 영취산 대평원에는 가을바람에 비단결 억새풀이 장관이로다.

산길 가면 쉼을 잊듯이.... 앉으면 가기 싫네

정상 밑 객주 전에 앉아 막걸리 한 잔 앞에 놓고 세월을 다 보낼 때
저녁노을에 단풍은 더욱 불타오르고 한 조각 흰 구름은 흐르다 절벽
소나무 가지에 쉬어 가는구나
아! 아름다운 세상이로다! 아름다운 세상이로다!
계곡을 돌고 돌아 하산하며 내 한 마디 읊음은 이 소리뿐!

2000. 10. 14

실비 내리는 아침

실비 내리는 아침
계절에 밀려 떨어진
낙엽을 밟으며
산책길을 걷는다
내리는 가랑비는
앙상한 부챗살 같은
가지 끝에 애처로이
마지막 남은 잎새들의
추억들을 씻어 내리고
날다 지친 새들은 숲 언덕에 나란히 앉아
흐르는 강물을 바라보네
가고 또 가는 내 세월아
어느 날이 내 돌아갈 해인가

아카시아꽃

아카시아 꽃잎이
하얗게 날리는
언덕에 앉아
꽃잎을 한 잎 한 잎
바람에 날려 본다

신록은 파아란 하늘에 어울려
5월의 태양에 푸르러 가고
아득한 지평선
한 점의 흰 구름은
한가롭기만 하다

아!
이렇게 소리 없이
가고 오는 계절에
꽃잎은 향수 되어
소복이 쌓이고
추억은 꽃잎처럼 휘날려
파릇한 5월의 하늘에 퍼져 간다

1999. 5. 13
구룡포에서

오솔길

들국화 핀 산길을 오릅니다
오솔길 언덕을
숨을 몰아 오릅니다
앞지르는 아낙네들 따르려
발길을 재촉하지만
가쁜 숨은 하늘을 차고
산은 오르는 것이 아니라
안기는 것이라
위로를 하며
풀숲에 털썩 누워
푸른 하늘에 안깁니다

무릉 계곡

기암절벽 굽은 길을 돌고 돌아 무릉 계곡 오르니
숲 우거진 넓은 반석에 푸른 물 차고 넘쳐
우두둑 천둥 치는 소리는 용추암 폭포라네
천만년 기나긴 세월 무엇이 그리 한스러워
일곱 굽이 돌고 돌며 기암절벽 깎아 내려
깊은 여울에 한을 담았는가
수없는 세월을 같이 한 저 기암절벽에
한이 서린 노송은 비스듬히 누웠는데
내 그곳에 앉아 수없는 세월을 회상한들
그 사연을 어찌 알 길 있으랴
천년을 푸르러 선녀가 미역 감던 곳
흐르던 구름마저 울고 넘어
오색 이슬 되어 은실 비 되어 내리는 곳
푸른 숲 푸른 물에 내 푸르러 한 몸 되니
절로 오며 절로 가는 세월이 한이 되었나
흘러가는 저 푸른 물에 내 마음도 흘러가노라

1998. 8. 17
- 무릉계곡에서

한 줄기 햇살

가시나무 그늘에
한 송이 들꽃
한 줄기 햇살을 기다림은
목마른 사슴 갈급함 같도다
오늘도 수없이 밀려왔다 밀려간
구름 사이로
한 줄기 햇살을 그리워하다
오늘도 가시나무 그늘에
들꽃은
가시나무 가시에
꽃잎은 상처뿐이라

2001. 4. 30

허무

못내 그리워함은
모두 다 부질없는 한순간인데
정녕 잊지 못해
헝클어진 지난 세월의 공간을 비집고 기웃거린다.
아름다운 지난 모든 것이
내가 버린 저 세월의 한구석에
참담하리만치 쭈그러져 버린 채
번제물이 되어 누워 있다.
젊은 날에 한때는
유월의 장밋빛처럼
진하고 화려한 소망도 있었는데
이제는 덜커덕거리며 매달려 가는 보통열차처럼
빛바랜 내 인생
거룩한 분노만 연기처럼 내뿜으며
이끌려 간다.

10월 4일 밤

환희歡喜

아!
가슴이 터지듯
눈물이 쏟아지듯
와르륵 우리 곁에 다가온
봄의 여신女神은
갈망渴望 속에 묻혀 온
어둡고 긴 나날들을
화사한 꽃잎으로 깨운다
이제 너와 나의
메마르고 고달픈 삶 속에
울긋불긋 꽃잎은 휘날려
우리 심장心臟은 뛰며
벅찬 숨결은 푸른 창공蒼空을 가르나니
나의 사랑하는 산야야
이제 환희歡喜의 축배祝杯를 들자

1999. 4. 5.

3부
회상

소년과 오징어

　지는 석양에 거대한 부산대교 밑 조그만 방파제 끝머리에 중년의 신사가 한가로이 노니는 갈매기들을 바라보며 무엇인가 골똘히 생각하고 있다.
　연안 여객선이 뱃고동을 울리며 지나간다.
　승객들이 손짓을 한다. 갖가지 작은 통통배들이 밀려오는 파도에 제각기 기우뚱거리는 모습들이 참으로 정겨운 장면들이다.
　방파제 끝머리에 걸터앉은 노신사의 눈에 눈물이 가득하다.
　멀리 천마산 등성이에 작은 집들이 다닥다닥 붙어 있는 것이 눈에 들어온다. 그 옛날 피난 시절 저 중턱에 레이션 상자로 판잣집을 짓고 어머니 동생 세 식구가 어렵게 살던 그 시절이 파노라마같이 쏟아져 들어왔다.
　또 발가벗은 소년이 옷가지와 젖은 오징어 몇 마리를 방파제 시멘트 바닥에 널어놓고 쭈그려 앉아 있던 모습이 보이고, 얼이 빠져 제정신이 아니었던 기억이 희미하게 살아난다.

　방파제 끝이라 사람들 왕래가 없는 곳이지만 소년은 연신 주변을 두리번거리며 뒷다리도 제대로 붙어 있지 않은 젖은 오징어를 연신 불고 기판에 갈비 굽듯 햇빛에 뒤집어 놓곤 했다. 옷이야 마르든 안 마르든 오징어에 온 신경을 쏟고 있었다.

참으로 생각하면 오랜 세월이 흘러갔다.

소년 시절 고생하던 이곳에 오늘 다시 와 서니 오징어 장수로 나선 첫날 물에 빠져 이곳에서 발가벗고 오징어 말리던 일이 파도와 같이 왈칵 밀려왔다. 그러니까 여기 선 이 자리가 그 시절 어린 나이에 채소 장사를 하는 어머니에게 겨우 밑천을 얻어 오징어 한 축을 들고 팔러 나선 그 자리이다.

지금은 충무동으로 옮겨 거대한 수산센터가 되었지만, 그 시절은 이곳이 갖가지 수산물이 유통이 되던 시청 뒤 고기도가였다.

처음 나서는 날 동네 형들을 따라 자갈치 건어물 가게에서 오징어 한 축을 딜랑 사서 팔러 나온 이곳은 참으로 많은 사람으로 붐볐다.

이곳저곳에서 인부들이 운반선에서 고기 상자를 퍼내느라 부르는 소리, 또 다른 곳에서는 부려 놓은 고기 상자를 앞에 놓고 경매를 부르느라 떠드는 소리, 2m가 넘는 상어들을 꼭 전사자들을 나열해 놓은 듯 쭉 눕혀 놓은 장면들이 참으로 소년에게는 신기하고 흥미진진한 장면들이었다.

한나절 소년은 오징어 파는 것보다 이곳저곳 돌아다니며 신기한 장면들을 보는 데 빠져 정작 오징어는 한 마리도 못 팔았다. 아침나절에는 아지매들도 고기를 사고파느라 정신이 없는데 그 질긴 오징어 먹을 시간이 없어 보였다. 소년은 그날 한나절이 넘도록 오징어 반 축도 못 팔았다. 아침에 보리밥 한 덩어리 물에 말아먹은 것뿐이니 꼬르륵거리며 배 속에서 자꾸자꾸 무엇이라도 넣어 달라고 야단이다. 소년은 그렇다고 오징어 판 돈을 고픈 배를 채우려고 소비할 수가 없었다. 소년은 손에 들고 있는 오징어를 내려보았다.

'다리는 잘라 먹으면 안 되겠고 옳지, 요 주둥이를 떼어 먹어도 모르

고 사 먹겠지....'

하나둘 들고 있는 오징어의 주둥이는 떨어져 나갔다. 애당초 오징어 선택이 잘못이었다. 배고픈 데다 짠 오징어 주둥이를 몽땅 떼어 먹었으니 자연히 목이 말라 왔다. 처음 나온 날이라 수도꼭지도 찾기가 어려웠다. 소년은 팔다 남은 몇 마리 오징어를 옆에 놓고선 선창가 끝머리 고기비늘이 반짝거리는 시멘트 바닥에 벌렁 팔베개를 하고 누웠다. 푸르디푸른 맑은 하늘이 바다 내음새와 같이 쏟아져 들어왔다. 흘러가는 흰 구름 조각과 노니는 갈매기 몇 마리가 보였다.

방파제에 부딪혀 철썩거리는 파도 소리를 들으며 채소를 팔고 있을 어머니를 그려 보았다. 또 동네 개구쟁이들과 엉켜 철없이 뛰어노는 어린 동생의 모습도 눈에 들어왔다.

용산역에서 15일이나 걸려 화차 꼭대기에 올라타고 그 겨울에 피난 오던 일, 밀양에 내려 몇 년을 고생하면서 철없이 고기떼 쫓으며 뛰어놀던 아름다웠던 추억도 맑은 하늘에 그려져 왔다.

먼 곳에서 붕~ 뱃고동 소리가 울려왔다. 소년은 새삼스레 갈증을 느끼며 자리에서 일어났다. 저만치 얼음 운반선이 접안을 해 한참 얼음을 푸는 장면이 시야에 들어왔다. 옳지! 저 얼음으로 목을 축이자! 소년은 얼음 푸는 작업장으로 달려갔다.

많은 인부가 쭉 둘러서서 얼음 푸는 작업을 하고 있었다. 도저히 얼음을 주워 낼 수가 없었다. 소년은 잠시 궁리를 했다. 옳지! 저 배 앞머리에 쌓인 얼음 몇 개를 주워 내자!

소년은 인부들이 붐비는 곳을 피해 선창에서 뱃머리에 한발을 내디

디고 얼음을 줍는 순간 배와 선창의 거리가 벌어져 사정없이 곤두박질, 그 깊은 바다에 빠져 버리고 말았다.

  소년은 먹고 싶어 하던 물을 가득 먹은 채 선원들에게 급히 선창가 한 구석탱이에 건져져 물을 토해 내고 눕혀 놓여졌다.

  소년은 한참 만에 정신이 났다.

  주위를 두리번거렸으나 낯선 아지매들 몇 사람의 얼굴이 시야에 들어왔다.

  "니 운 좋다!" "니, 어떡할라고 거기다 발을 디디노 머슴아야! 이제 정신이 나나?"

  친절한 아지매들의 동정 어린 눈매를 보니 눈물이 왈칵 치밀었다.

  아! 오징어! 한 손에 들려 있어야 할 나의 전 재산 오징어 반 축이.... 어머니의 얼굴이 떠올랐다. 정신을 가다듬은 소년은 얼음 운반선이 작업을 끝내고 떠난 자리 바닷속을 살폈다. 그다지 깊지 않은 곳이라 오징어 몇 마리가 보였다. 고생고생 그곳 선원 아저씨들 도움으로 고기 찌르는 작대기로 오징어를 찔러 6마리를 건져냈다.

  세월이 많이 흘러 발가벗고 오징어 말리던 그 소년 이제, 노신사가 되어 이 자리를 찾았다.

  노신사의 미소 어린 눈매에 맺힌 눈물이 가득 지는 석양빛에 반짝거렸다.

  그리고 뺨을 타고 흘러내렸다

  멀리서 뱃고동 소리가 무겁게 들려왔다.

신문 파는 소년

'내일 아침 국도신문!'

신문을 배부 받느라 북새통인 신문사 앞 소공동 거리를 헤쳐 나와 명동거리를 달리며 외쳐대는 소년의 목소리는 절규에 가까웠다.

오늘 아침 집을 나올 때 폐렴을 앓고 있는 동생 영일이의 그 애처로운 눈빛이 자꾸만 다가왔다. 소년은 처참하리만치 수척해진 동생의 볼품없는 얼굴이 다가올수록 더 힘차게 달리며 외쳤다.

그러나 신문의 매수는 줄지가 않았다.

석양이 불그스레 깔린 거리거리마다, 담배 연기 자욱한 다방을 헤집고 다녔지만, 겨드랑이에 낀 신문의 매수는 아직 두툼했다. 신문이 발행되는 시간이 오후 3시경이라 늦겨울의 해는 이미 넘어가고 있었다.

'아! 오늘은 왜 이리 안 팔리지?'

생각하며 소년은 어느 식당 앞에 쭈그려 앉아 신문 매수를 세어 보았다. 아직 18장, 그러니까 32장밖에 팔지 못했다. 소년은 갑자기 한기를 느끼며 어깨를 움츠렸다. 국밥집 밖에 놓인 국솥 화로에 다가가 손등을 비벼댔다. 식당 안의 신사 몇 사람이 연신 뜨거운 국밥 그릇을 저어 가면서 먹어대는 것이 보였다. 소년은 침을 꿀꺽 삼키며 문을 비시시 열고 들어갔다. 따뜻한 훈기가 차디찬 얼굴에 스쳐왔다. 잠시 얼굴을 비벼대던 소년은 연방 땀을 흘리며 국밥을 먹고 있는 신사들에게 다가가,

"신문 사세요"

"내일 아침 신문입니다!"

신사들은 흘깃 쳐다보더니 관심이 없다는 듯이 연신 국밥을 후후 불어대며 먹고 있었다. 소년은 김이 모락모락 나는 국밥 그릇을 내려다보며 외쳤다.

"아저씨 신문사세요!"

소년의 끈질긴 소리에

"야 임마! 신문 다 봤어!"

신사는 소년에게 소리를 꽥 질러 댔다. 국밥에서 풍기는 쇠고기 국 냄새를 맡으며 소년은 어두워진 거리로 밀려 나왔다.

소년의 고향은 평안북도 신의주였다. 소년의 어머니는 일찍이 월남한 남편을 찾아 젊은 여인이 38선을 두 번이나 넘나들었다. 어린 세 자식이 다칠세라 고생고생 그 어려운 역경을 이겨 낸 것은 참으로 모성애의 열정이 없었다면 불가능했으리라.

그들의 생활은 해방촌 월남 피난민들이 모여 살던 곳에서 천막살이로 시작되었다. 고향에서 부족한 것 없이 버젓이 살던 그들에게는 어려운 생활이었다. 소년은 그날부터 3형제 맏형으로서 아무것도 모르고 생활 전선으로 뛰어들었다. 당시 제일 적은 밑천으로 할 수 있는 신문팔이로 동네 형들을 따라나섰다. 경험도 없을 뿐 아니라 밑천도 모자라 겨우 50매 정도를 사서 팔곤 했다. 그러니 50매를 다 팔아도 남는 것이 뻔한데 다 팔지 못하는 날에는 헛수고였다.

소년은 오늘도 명동거리, 남대문, 땅거미가 진 용산을 거쳐오며 달이 떠올라 휘영청 밝은 동네 부근까지 오면서 몇 장 남은 신문을 마저 팔려고 온 동네 골목을 돌아다녔다. 손가락이 뾰족이 삐져나온 떨어진 장갑을 낀 손으로 떨어지는 듯이 시린 귀를 감싸 안으며 내일 아침 국도신문을 외쳐댔다.

이제 두 장! 이것만 팔면 집으로 가도 된다. 소년은 갑자기 용기가 났다. 큰소리로 "내일 아침 국도신문!"

소년의 목소리가 조용한 밤공기를 갈라 메아리가 되어 개 짖는 소리와 같이 되돌아왔다. 서쪽 하늘로 긴 유성이 흘러가는 것이 보였다.

창문 여는 소리가 가까운 곳에서 들리는 듯하더니....

가냘픈 소녀의 음성이 들려왔다.

"신문....!"

소년은 정신을 차려 그 소녀의 낭랑한 목소리가 여울져 오는 곳을 찾느라고 촉각을 곤두세웠다.

"신문 어디 있어요?"

"예 여기예요!"

소년은 창틀에 반신을 내밀고 있는 소녀의 아름다운 자태를 정신없이 쳐다보며 신문을 내밀었다.

소녀는 주머니에서 부스럭거리며 잔돈을 챙기는 소년의 모습을 보다 말했다.

"잔돈 너 가져!"

"너 춥겠다. 들어와서 손 좀 녹이고 갈래?"

소녀의 아름답고 다정스러운 모습이 달빛에 더욱 가까이 다가왔다.

"괜찮아요!"

소년은 도망치듯 빨개진 얼굴로 골목을 달려갔다.

그리고 아직 소녀의 체온이 따뜻이 남아 있는 그 골목 창문을 뒤돌아보았다.
달님과 별님들이 방긋이 웃고 있었다.

잊을 수 없는 결혼식

오랜 세월이 흘렀지만…

그 어느 날, 당신으로부터 마지막 보내온 청첩장을 받아보고 난 갑자기 이 세상에 홀로됨을 느꼈습니다.

그날 하얀 웨딩드레스를 입고 약간은 상기된 모습으로 식장에 걸어 들어오는 당신을 보며, 차마 초라한 내 모습을 보이고 싶지 않아 눈길을 돌릴 수밖에 없었습니다.

식이 끝난 뒤 한없는 축복을 받으며 걸어 나오는 당신의 행복한 모습을 바라보면서 나는 생애 처음으로 패배자가 되었음을 느꼈고, 당신의 친구들로부터 위로의 눈길을 받을 때는 눈물이 핑 돌아 얼른 돌아서고 말았습니다.

내가 마지막으로 당신에게 해줄 수 있는 것이라고는 그저 마음속으로 행복을 빌어주는 것 외에는 아무것도 없었습니다.

당신이 마지막으로 떠나는 차량에 오를 때, 순간 마주쳤던 그때의 눈길은 수없이 많은 세월이 흘렀지만… 아직도 그 눈길의 의미를 "당신을 사랑하였다"라는 뜻으로 간직한 채 살아가고 있습니다.

내 곁을 스쳐간 여인을 생각하며

만남

9월이라 하지만 아직도 늦더위가 한창 기세를 부리는 오후의 광복동 거리는 인파로 물결쳤다.

청년은 미화당 근처에서 한참 동안 두리번거렸다.

청우다방을 발견한 청년의 눈빛이 순간 반짝 빛났다.

며칠 전 얼굴이며 몸매며 나무랄 데 없는 얌전한 처녀가 있는데 선 한번 보자고 졸라대는 엄마 친구의 간절한 청에 맞선을 본 그 다방에서 그 처녀와 오늘 두 번째 약속한 날이었다.

계단을 오르며 옷매무새를 잠시 거울에 비춰 보았다. 반사되어 보이는 모습을 보며 청년은 '괜찮은 미남이야!' 자화자찬을 하면서 다방 문을 열고 들어섰다.

담배 연기 자욱한 실내는 음악 소리며 왁자지껄하는 말소리가 합성되어 들려왔다.

창가에 앉아 거리를 내려다보고 있는 소녀가 눈에 들어왔다.

"일찍 오셨네요?"

청년은 당당한 자세로 다가가 소녀를 바라보며 가벼운 미소를 지었다.

소녀는 깜짝 놀란 표정으로 청년의 눈을 응시하고는 금세 눈을 내리깔며,

"저도 조금 전에 왔어요." 모기 소리만하게 말했다.

"왜 이리 거리가 복잡하죠?"

청년은 창밖을 잠시 응시하다 약속 시간을 지키지 못한 변명이라도 하듯이 말문을 열었다.

소녀는 청년을 잠시 바라보다 엷은 미소를 띠우며 금세 고개를 떨구고 빨간 매니큐어를 바른 고사리 같은 손가락을 만지작거리고 있었다. 다소곳이 앉은 고개 숙인 그 소녀의 그 자태가 너무도 고와 청년은 한참 동안 할 말을 잊은 채 고개 숙인 소녀의 귓덜미를 주시하고 있었다.

"차 주문하세요!"

침묵을 깨는 다방 레지의 극히 사무적인 말투에 청년은 정신을 번쩍 차렸다.

소녀를 정중하게 바라보며 "차는 무엇으로 하시겠어요?"

소녀는 고개를 들어 잠시 벽을 두리번거렸다. 그리고 벽에 붙여진 유자차 차림표를 가리키며,

"유자차 주세요."라고 말하고 인적이 왁자지껄한 창밖을 다시 응시했다.

청년은 소녀가 하는 행동이 너무나도 곱고 사랑스러워 한참 동안 말문을 잃었다.

"아저씨는요?"

질투라도 하듯 얄미운 눈매를 한 레지 아가씨의 퉁명스러운 주문에 레지를 바라보며,

"같은 걸로 줘요!"

청년은 당당하게 주문을 하고, 창밖을 내려다보고 있는 소녀의 그 고운 빨간 입술이며 상기된 볼이며 까만 속눈썹에 보석같이 빛나는 눈동자며, 핥아 먹어도 시원치 않을 쭉 뻗은 손가락을 바라보느라 정신이 없었다.

토요일 오후의 거리 풍경은 참으로 풍성하고 재미있었다.

따뜻한 유자차를 마신 탓인지 소녀의 상기된 갸름한 얼굴이 더욱 아름다웠다.

솔직히 소녀는 처음 맞선을 보는 날 실망했었다. 기대하기로는 백마를 탄 왕자와 같은 쭉 빠진 미남을 바랐었다. 그런데 기대했던 것이 잘못인가? 콩고에서 방금 왔는지 시커먼 얼굴에 지도는 웬 지도인지 얼굴에 기미가 잔뜩 낀….

도무지 마음에 안 들었다.

선보자고 할 때 완강히 거절하지 못한 것이 후회됐다.

그런데 그 콩고인이 전화로 진드기같이 만날 것을 요구하는 바람에 할 수 없이 오늘 하루 더 고생하기로 하고 나온 것이었다

그런데 그것이 소녀의 운명을 싹 바꾸어 놓을 줄이야.

따뜻한 차 한잔 먹는 동안 소녀는 청년의 모습을 자세히 살펴보았다.

자세히 볼수록 유자차 탓인지 청년의 검은 얼굴이 그렇게 밉지가 않았다.

꾸밈이 없는 말투며 짭짤한 그 얼굴이 어딘지 모르게 마음에 스며들어왔다.

자세히 보니 '괜찮은 남자야!'

확실히 유자차 덕분이었다.

창가로 기우는 석양빛 찻잔에 향긋한 냄새가 모락모락 피어났다.

4부
단편

미련

"시내 갑니까?"

나는 허리를 굽혀 다가오는 택시에 대고 크게 소리쳤다.

내 앞에 멈춘 택시 기사는 반쯤 내린 창문 사이로 고개를 끄덕였다.

불친절한 택시 기사 행동에 다소 불쾌감은 있었으나 이 시간에 별수 없는 일이 아닌가?

난 이내 체념해 버리고 뒷문을 열고 오르려고 했다.

순간 이건 웬일인가?

아리따운 아가씨가 내 등을 밀며 올라탔다.

순간에 이루어진 일이라 난 엉겁결에 안으로 밀려 들어갔다.

뒷좌석의 우리 두 사람은 거의 동시에 서로를 바라보았다.

그녀는 가벼운 목례로 미소를 머금고 나를 바라보았다.

'아! 미치게 예쁘구나'

창밖의 가로등 불빛에 스치는 그녀의 모습은 너무나 황홀해 온 전신이 확 달아올랐다.

그 여성은 이내 가로등 불빛과 네온이 화려한 차창 밖을 내다보고 있었다

차내는 잠시 정적이 흘렀다. 다만 라디오에서 흘러나오는 조용한 음악이 잔잔히 들려왔다.

앞 좌석에 먼저 탄 손님은 눈을 지그시 감고 창문에 머리를 기댄 채

명상에 잠겨 있었다.
 퇴근 시간이 지났지만, 거리는 많은 인파가 밀물처럼 밀려다녔다.
 "제기랄! 이래 가지고 뭐 해 먹겠어!"
 문현동 로터리에서 뒤범벅이 된 채 막혀 있는 차량 행렬 속을 빠져나오면서 기사는 혼자 투덜댔다.
 복잡한 곳을 빠져나온 택시는 전속력을 내어 달리고 있었다.
 나는 초조했다. 거기서 좀 더 시간이 걸렸어도 좋았는데….
 지금의 행복한 이 순간이 깨지지 않고 오래 계속되면 얼마나 좋을까?
 가는 목적지가 좀 더 먼 곳이면 좋을 텐데….
 택시는 부산역을 벗어나 영주동 사거리를 달려가고 있었다. 나는 마음속으로 빌었다.
 정지 신호가 되길….
 아! 사거리를 거의 왔을까, 노랑 주의 신호로 바뀌더니 이내 적색 신호로 바뀌었다.
 나는 쾌재를 불렀다. 그러나 택시는 붉은 불이 켜진 사거리를 쏜살같이 통과해 버렸다.
 '이 사람은 도대체 교통도덕을 아는 거야 모르는 거야?'
 나는 점잖이 기사를 향해 말했다.
 "정지 신호인데 통과하면 되나요?"
 택시 기사는 이쪽의 질책에 관심이 없다는 듯이 무반응인 채 라디오의 볼륨을 올렸다.
 우리는 순간 반사적으로 서로를 돌아보았다.
 그녀는 역시 입가에 가냘픈 웃음을 머금은 눈빛으로 나를 바라보더니 이내 네온이 흐르는 차창 밖으로 시선을 돌렸다.

그제야 나는 그녀의 고상하고 간결한 옷차림새며 잘 조화된 조각물처럼 빼어난 이목구비며 오똑한 콧날이 너무도 아름다워 정신없이 바라보았다.

우리는 생전 처음 만났지만 어딘가 인연이 있는 것이 아닐까?

그렇지 않고서는 이 순간의 일들이 이렇게 자연스럽게 이루어질 수가 있을까?

나는 이런 생각을 하면서 그녀의 잘 다듬어진 가슴이며 미니스커트 아래로 쭉 뻗은 뽀얀 다리에 시선을 멈추었다.

아! 나는 갑자기 숨이 막히는 듯했다.

이렇게 아름다운 여성과 자리를 같이 할 행운을 얻다니!

그것도 서로의 살갗이 닿을 듯하게 앉아 있다니 너무나 행복했다.

갑자기 택시가 멈추더니 기사가 퉁명스럽게 앞에 앉은 손님에게 외쳤다.

"중앙동 다 왔습니다"

졸고 있던 손님은 정신없이 지갑을 꺼내어 계산을 마치고 내리더니 아직도 정신이 없는지 사방을 두리번거리는 것이 보였다.

'아! 다 와 가는구나! 너무 아쉽다.'

"시내 어디입니까?"

한참 달리던 기사가 갑자기 뒤를 향해 소리쳤다.

나는 다가오는 종착역이 너무 빨리 오는 것이 아쉬워 남포동에서 내릴 예정이었으나 조금이라도 이 여성과 같이 있는 시간이 더 지속되길 바라며,

"부영극장 앞에 내려 줘요!"

죄라도 지은 사람처럼 목구멍이 기어드는 작은 목소리로 응수했다.

택시 기사는 더 이상 묻지도 않았으며 옆의 그녀도 아무 말이 없었다.
저 택시 기사는 우리가 같은 장소에서 동시에 탔으니 일행인 줄 알고 있구나!
이런 생각에 짜릿하고 이상야릇한 감정을 느꼈다.
차는 남포동을 지나고 있었다.
목적지에 다가오며 그녀는 창밖을 다시 확인하는 듯하더니 핸드백을 열려고 했다. 나는 잽싸게 양복 주머니에서 지갑을 꺼내어 그 여성에게 시선을 돌리며 차비는 내가 낸다는 눈빛으로 그녀를 쳐다보았다.
역시 아름다운 여성은 눈치도 빨랐다. 미소 띤 얼굴로 쳐다보더니 이내 핸드백을 열려던 손을 내려놓았다.
차량과 인파가 뒤범벅이 된 부영극장 앞에 택시가 멈추려 했다.
나는 잽싸게 만 원권을 기사에게 내밀었다. 요금은 4,700원이 표시판에 나와 있었다.
'이상한 관계구나, 이곳까지 오면서 한마디 말도 없이....'
'심하게 싸웠나?'
'짜식! 나이는 제법 됐는데 멋쟁이 아가씨 데리고 다니네!'
잔돈을 주면서 힐끔 쳐다보는 기사의 부러운 눈빛을 난 읽을 수가 있었다.
우리는 약속이나 한 듯이 빠른 동작으로 택시에서 내렸다.
택시 기사를 감쪽같이 속인 것에서 야릇한 승리감 같은 것을 느꼈다.
그 아가씨는 이쪽에 무어라고 말을 건네려는 듯 잠시 머뭇거리다 가벼운 미소만 남긴 채 복잡한 인파 속으로 빨러 들어갔다.
나는 멍하니 한참 동안 그녀의 뒷모습만 바라보다 무의식적으로 빠른 걸음으로 인파를 헤치며 그녀 뒤를 쫓아갔다.

그녀는 따라오는 나를 의식하듯 잠시 옷매무새를 다듬더니 다시 걸었다.

순간 내 머리는 복잡하게 회전했다.

어서 다가가, "차라도 한잔 하실까요?"라고 이렇게 점잖이 청하면 어떨까?

젊었을 때 그 패기는 다 어디 갔나?

도저히 용기가 나질 않는다.

그녀를 몇 미터 앞에 두고 바짝 따라가다 다시 거리를 두고 따라갔다.

그녀는 잠시 뒤를 돌아보는 듯하더니 부산극장 앞 롯데리아 쪽으로 향해 걸어갔다.

그녀의 갈색 머리에 꽂힌 오색찬란한 액세서리가 불빛에 유난히 빛났다.

갑자기 그녀는 하얀 상아 같은 팔을 흔들어 댔다.

롯데리아 앞에 알랭 들롱 같은 훤칠한 미남 청년이 이쪽을 보고 손을 흔들었다.

"영식 씨!"

그녀의 카랑카랑한 목소리가 내 귀에 들려왔다.

'아! 과연 부질없는 짓!'

난 아련한 미련을 버린 채 네온 불빛 찬란하게 교차되는 거리를 힘없이 걸었다.

1998년 5월 30일

허공

하루 종일 갯바위에 앉아 검푸른 파도에 빨간 찌를 놓칠세라 눈알이 튀어나오도록 쳐다보다 보니 오후 해님이 서쪽 하늘에 비스듬히 기울었는데도 아직 점심을 걸렀다.

"나 내일 낚시 가기로 했어!"
어제저녁 숟가락을 놓으면서 운이는 느닷없이 불쑥 내뱉었다.
"누구하고 가는데?"
"나는 어떻게 하구?"
뾰로통한 얼굴로 순임은 남편을 쳐다본다.

밤새 그놈의 찌가 올라갔다 내려갔다 현혹하는 바람에 잠을 설쳤다. 새벽 3시에 일어나 도망 나오듯이 낚시점에 들러 얼음이며 낚시 용구며 이깝 등 거금 5만 원어치를 왕창 들여 버스에 올라 지그시 눈을 감았다.
'오늘은 무언가 횡재할 징조가 있는 것 같아!'
요사이 감성돔 철이라 제자리에 앉았다 하면 10마리쯤은 거뜬하게 걷어 올린다던데, 그렇게 되면 아이스박스가 작아 어떻게 하나....
소금이라도 좀 가져왔으면 배를 따 말려 가져갈 수도 있는데.... 이런 저런 대어 낚는 부푼 꿈에 헤매다가 이 자리에 오게 되었다.

'아! 오늘도 꽝이로구나!'
죄 없는 홍개비 청개비 이깝만 갈아 치웠다. 한 마리 1,000원이나 하는 혼무시를 벌써 10마리나 없앴다.

'난 늘 이렇단 말야!'
올 때는 대어 꿈에 손이 덜덜 떨리곤 하는데, 허나 늘 빈 바구니인걸. 오늘도 노래미 2마리 수확이 고작이었다.

이런 생각을 하니 갑자기 맥이 확 풀려 옴을 느꼈다. 운이는 잡고 있던 낚싯대를 바위 구석에 걸어 놓고 벌렁 누워 파란 하늘에 유유히 떠다니는 흰 구름을 바라보았다.
문득 구름 사이로 어제저녁 순임이의 뾰로통한 얼굴과 키득거리며 재롱을 부리는 세연이의 얼굴이 떠올랐다.
'에라, 되지도 않는데 집에나 갈까?'
가더라도 싸 가지고 온 도시락이나 처분해야지.
이렇게 생각하니 갑자기 배가 출출해 왔다. 새벽녘 도망가는 남편이 미웠지만 별 취미 없이 매일 쉬는 날이면 방구석을 이리 뒹굴 저리 뒹굴 하던 사람이 모처럼 낚시를 간다는데 굶길 수야 있나 측은한 생각에 순임이 새벽같이 일어나 싸 준 도시락이었다.
도시락 뚜껑을 열어 보니 맛있어 보임직한 김밥이라 출출하던 차에 잘 씹지도 않고 꿀꺽 삼켰다.
'참 꿀맛 같다.' '내 마누라 음식 솜씨가 이럴 줄이야.' 새삼 감탄을 하며 몇 개를 먹다 '너희들도 내 마누라 김밥 맛 한번 봐라!' 운이는 파도에 철렁대고 있는 낚시찌에다 김밥 하나를 힘껏 던졌다.

끄윽!
도시락을 다 비우고 나니 그제야 살 것 같은 기분이 났다.
'딴사람들은 좀 잡았을까?'
'뭐 내가 이 모양인데 저들이라고 별 수 있을까?'
이런 생각에 허리를 펴고 일어서려는데, 아! 이게 웬일! 하루 종일 물결 위에서만 까딱거리고 한 번도 밑으로 들어가지 않아 애를 태우던 빨간 찌가 사정없이 바닷속으로 곤두박질해 빨려 들어갔다. 화다닥 그는 낚싯대를 들어 올렸다.
'무엇이 묵직한데 바위에 걸렸나?'
흥분된 운이는 낚싯대에 힘을 줘 보았다.
'아, 이게 왜 이래?'
'뭔가 낚싯대를 잡아 끌어들이고 있는 거 아냐?'
운이는 가슴이 확 달아올라 방망이질을 하는 것을 느끼며 온 힘을 다해 끌어올려 봤다. 그러자 낚싯줄이 쌩쌩 소리를 내며 동에서 서로, 서에서 동으로 종횡무진 도저히 혼자 힘으로 감당하기 어려웠다.
"나 좀 도와줘요!"
고함을 목이 터져라 외쳐 보았다. 그러나 다른 사람들과 너무 멀리 떨어져 앉은 자리라 들릴 리가 없었다. 이렇게 사력을 다해 10여 분 거물과 겨루자니 힘이 빠져 바다에 빨려 들어가는 것은 아닌가 더럭 겁이 났다.
이놈이 도대체 뭘까? 괴물 아니면 이렇게 힘이 셀 수가 있을까? 온몸이 땀으로 뒤범벅이 되었다.
'그래, 내가 이기나 네가 이기나 한번 해 보자!'
그는 젖 먹던 힘까지 다해 버텼다.

이렇게 얼마쯤 되었을까 그놈도 힘이 빠졌는지 전보다 흔들어 대는 것이 약해져 갔다.

'옳지!'

그러면 그렇지, 이제 네 얼굴 판대기라도 한번 보자! 그는 사력을 다해 낚싯대를 힘껏 잡아당겼다.

순간 '악!'

운이는 저절로 탄성이 터졌다.

확실히 그 정체는 뭔지 몰라도 눈알이 왕방울만 한 것이 그 크기가 자두알만 한 것으로 보였다.

아! 오늘에야 소원 한번 풀어 보는구나! 내가 이런 거물을 잡다니! 어렸을 적 아버지를 따라 수없이 낚시터에 따라다녔지만 이런 놈은 처음 아닌가?

아! 도저히 그물이 없이는 안 될 것 같단 생각이 들었다. 아뿔싸! 이럴 줄 알았으면 아침 낚시점에서 그물을 사 가지고 올 걸.

이런 후회를 하는 순간 그놈이 한 번 더 요동을 쳐 온다.

악! 줄이 끊어질 것 같구나!

아! 그물! 그물!

그... 그... 그물이 있어야 하는데....

"도와줘요!"

운이는 젖 먹던 힘을 다해 악을 쓰며 소리쳤다.

"여보! 여보!"

"왜 그래요?"

"물 달라고요?"
"여기 물 있어요!"
"웬 잠꼬대가 그리 심해요?"
순임이의 핀잔 소리가 아직도 두 손을 움켜잡고 악을 쓰는 운이의 귓가에 아련히 들려왔다.

2000년 8월 18일

환각

끄윽!

힘없이 동공이 풀리고 그는 평온으로 돌아갔다.

도무지 정 둘 곳 없는 세상이라 늘 개탄하며 고집스럽게 살아온 그는 창밖에 실낱같은 초생달이 서편으로 기우는 것을 바라보면서 헝클어진 인생살이 밀리고 찍히고 부딪혀 찌그러진 얼굴이 천진난만한 어린아이 얼굴로 변화되어 숨을 거두었다.

아이고! 아이고! 몹쓸 양반!

나 혼자 놔두고 혼자 가다니 난 어떻게 살라고?

그녀는 천진스럽게 숨을 거둔 영감을 바라보면서 한편 괘씸하면서도 한평생 억척스럽게 고생만 하다가 숨을 거둔 영감이 한없이 불쌍하고 가련했다.

생전에 좀 더 따뜻하게 대하지 못한 것이 후회됐다.

그녀의 눈에 이슬 같이 맺혔던 눈물방울이 뺨을 타고 주르륵 흘러 싸늘히 식어 가는 주름진 영감의 손잔등에 떨어져 퍼져 간다.

그녀는 갑자기 혼자됨을 느끼며 가슴에 복받쳤던 울음이 왈칵 터져 나와 영감의 가슴에 와락 얼굴을 묻고 어깨를 들먹이며 한없이 울었.

이제까지 살아온 것이 너무 허망했다.

이제는 햇살처럼 포근함도 고향 집 싸리 울타리 같은 아늑함도 없다.

그녀는 왈칵 밀려드는 고독감을 느끼며 새벽녘 동이 터 올라오는 새벽하늘을 바라보았다.

아! 그리우리라!
사랑한 사람을 떠나보냄이 이렇게 괴로운 일인가?
정녕 보고 싶으리라! 믿고 믿어온 사람이었기에 그녀는 흐르는 눈물을 가눌 수가 없었다.
그녀는 문득 이렇게 자신을 혼자 두고 훌쩍 혼자 가 버린 영감에게 분노 같은 것을 느꼈다.
그래! 남들처럼 호의호식은커녕, 외국 여행이라 금강산 관광이라 야단법석인데 그 흔히 가는 제주도 여행도 못 시켜 준 주제에....
'뭐 잘살아 보라고?'
흥! 생각해 보니 영감이 괘씸했다.
이런 무능한 사람과 결혼해 신세를 망친 자신이 원망스럽고 한심해 분노가 치밀어 올랐다.
그대로는 참을 수가 없지!
이런 생각을 하는 순간 아기같이 평온하게 떠난 영감의 가슴을 힘껏 쥐어 박았다.
악!
영감이 화다닥 얼떨결에 놀라 잠자리에서 튀어 일어났다.
아! 이게 웬일?
그녀는 그제야 정신이 번쩍 들었다.
아이고, 그게 꿈이었나?
이렇게 내 영감이 살아 있다니....
아! 하나님 감사합니다.
그녀는 아직도 잠결에 놀라서 벙벙한 영감을 와락 끌어안았다.

1999년 6월 21일